养出有目标感的孩子

李丽 ——著

U0721455

苏州新闻出版集团
古吴轩出版社

图书在版编目（CIP）数据

养出有目标感的孩子 / 李丽著. -- 苏州 ： 古吴轩
出版社，2024.6
　ISBN 978-7-5546-2369-5

　Ⅰ．①养… Ⅱ．①李… Ⅲ．①家庭教育 Ⅳ．①G78

　中国国家版本馆CIP数据核字(2024)第103508号

责任编辑：李爱华
见习编辑：李　楠
策　　划：周建林
装帧设计：尧丽设计

书　　名：**养出有目标感的孩子**
著　　者：李　丽
出版发行：苏州新闻出版集团
　　　　　古吴轩出版社
　　　　　地址：苏州市八达街118号苏州新闻大厦30F
　　　　　电话：0512-65233679　　　邮编：215123
出 版 人：王乐飞
印　　刷：水印书香（唐山）印刷有限公司
开　　本：670mm×950mm　　1/16
印　　张：10
字　　数：107千字
版　　次：2024年6月第1版
印　　次：2024年6月第1次印刷
书　　号：ISBN 978-7-5546-2369-5
定　　价：46.00元

如有印装质量问题，请与印刷厂联系。

在孩子成长的道路上，目标感的培养是至关重要的。它不仅关乎孩子的学业成绩，更影响孩子的心理健康、人生方向和未来发展。本书旨在帮助家长更好地引导孩子建立目标感，让他们在成长的道路上变得更加自觉和主动。

当今社会，许多家长过分关注孩子的成绩，而忽略了对孩子目标感的培养，这导致许多孩子缺乏内在的驱动力，对未来感到迷茫。本书第一章将深入探讨目标感的重要性，以及如何培养孩子的目标感，从而使他们拥有追求梦想的内在动力。

第二章将引导家长合理地帮助孩子确定人生目标。家长作为孩子最可靠的向导，需要根据孩子的兴趣与天赋，为他们锚定正确的人生方向。通过对本章的学习，您将掌握指引孩子前行的方法，让他们在人生旅途中不迷失方向。

设定个人目标是孩子成长过程中的一个重要环节。第三章将教会家长引导孩子设立学习目标和人生目标，并利用SMART原则设立有效目标。通过逐一攻克小目标，帮助孩子成为独立的探索者，培养他们的自主性和创造力。

第四章告诉家长如何鼓励孩子超越自我、集中注意力、坚持到底，并放下压力和包袱。通过积极的激励和引导，帮助孩子对未来充满期待和信心。

第五章将教会家长激发孩子的潜能，让他们勇敢地追求梦想。

第六章将教会家长帮助孩子高效达成目标。我将分享一些实用技巧，如果家长能掌握这些实用技巧，就能帮助孩子少走弯路、更快更稳地前进。

在撰写本书的过程中，我结合了积累多年的案例和经验、教训与心得，尤其融入了我女儿极具代表性的成长问题以及我为此进行的尝试和努力，希望能为更多家长提供更具实质性的帮助和借鉴。

在阅读本书的过程中，希望您能够深刻地认识到目标感在孩子成长中的重要性，并学会引导孩子建立目标感。让我们共同努力，培养出具有目标感的孩子，让他们在成长的道路上能够主动迎接挑战和机遇。

最后，衷心地希望本书能为您在家庭教育方面提供有力的支持与帮助。祝愿所有的孩子都能茁壮成长，并且迈向更加美好的未来！

1

第一章 目标感：
孩子前进的内在驱动力

超越成绩，
目标感塑造孩子的精彩人生

　　来我咨询室咨询的学生中，有许多是自驱力较弱的。他们虽然学习成绩优异，但对其他方面的求知欲并不强。他们有的以考个好成绩为目标，有的在家长的要求下勉强取得了高分，但精神萎靡，甚至有抑郁倾向。

　　一个六年级的女同学曾这样描述："考第一是我的目标，如果达不到这个目标，我就接受不了。但是考了第一之后，我也没觉得多么自豪。我不知道自己到底想要什么，我虽然希望各科成绩都考到最好，但是好像这又不是我最想要的结果。"

　　这些孩子的家庭环境各不相同，他们的共同点是缺乏目标感。

他们像生活在迷雾中，没有方向，没有目标。中国公安大学犯罪心理学教授李玫瑾认为，现在很多孩子都患上了"空心病"。这种病的症状是没有明确的人生目标和方向，容易陷入迷茫和无助中，严重时与抑郁症相似，但没有药物可以帮助其做出有效调节。

前来咨询的这些孩子多半患有"空心病"。他们对未来感到迷茫，对大多数事物缺乏兴趣，仿佛活在虚拟的世界里，存在感也不强。这确实令人担忧。

这些孩子的状况让我们不得不思考：我们是否在追求学习成绩的过程中，忽略了孩子的内心需求？我们是否应该重新审视我们的教育方式，让孩子在追求知识的同时，也能找到自己的目标和方向？

目标，如同航海中的灯塔，为航行者指明方向。对于孩子来说，拥有明确的目标才是更好成长的关键。

娇娇从小就对音乐产生了浓厚的兴趣，每当听到美妙的旋律，她都会沉醉其中，难以自拔。在学了一段时间的音乐后，她心中萌生了一个明确的目标：成为一名出色的音乐家。

为了实现这一目标，娇娇付出了巨大的努力。她除了像同龄人一样上学之外，每天还会抽出时间练习钢琴，不断提高自己的音乐技巧和演奏水平。同时，她还积极参加各种音乐比赛和演出，以锻炼自己的舞台表现力和自信心。在学习音乐的道路上，她不断追求进步，不断挑战自我。

随着时间的推移，娇娇的音乐才华逐渐得到了认可。她在各种比赛中获得了优异的成绩，赢得了评委和观众的赞赏。她的音乐之路也越走越宽，她开始与各种音乐团队合作，参与音乐创作和制作。

长大后，娇娇成功地实现了自己的目标，成了一名备受瞩目的音乐家。她的音乐作品深受人们喜爱，她的演出也总能给观众带来震撼和感动。

娇娇的经历告诉我们，拥有明确的目标对孩子的成长至关重要。家长应该帮助孩子树立明确的目标感，让他们学会为目标而努力。同时，家长也要尊重孩子选择的目标。

哈佛大学曾经做过一次影响力很大的关于目标对人生影响的跟踪调查，对象是一群年龄、出生环境、兴趣爱好较为相似的年轻人，哈佛大学对他们进行了长达25年的跟踪调查。

调查结果显示：27%的青少年没有什么明确的目标，25年后，他们生活得非常艰难；60%的青少年目标模糊，25年后，他们生活稳定，但没有较为突出的贡献；10%的青少年有着清晰的短期目标，25年后，他们在某个领域小有贡献；3%的青少年有着清晰的长期目标，25年后，他们成为社会某领域的精英，对人类社会的发展和进步做出了巨大的贡献。

哈佛大学的这项调查结果令人深思，它揭示了目标对于一个人的人生轨迹和成就有着深远的影响。

这个结果不仅仅是针对青少年的，它也适用于其他年龄段的人。目标可以激发一个人的动力和激情，让他们更加专注地追求自己的梦想。当一个人有了明确的目标时，他会更加努力地学习和工作，以实现自己的目标。这种努力和专注会让他在某个领域取得成功，并获得更多的机会和资源。

同时，目标还可以帮助一个人建立自信心和自尊心。当一个人设定一个目标并努力实现它时，他就会认为自己是有价值的，并且能够取得成功。这种自信心和自尊心的建立，会让他更加积极地面对生活中的挑战和困难。

然而，仅仅有目标是不够的。这个目标还必须是明确和具体的，这样他才知道自己需要如何实现它。模糊的目标可能会导致其拖延或缺乏动力，因为他不知道如何开始或如何衡量自己的进展。

此外，目标必须是长期的，这样他才能持续不断地努力追求。短期目标可能只会取得短暂的成就，而长期目标则可以让一个人持续不断地努力，从而取得更大的成就。

因此，家长最紧迫的事情是帮助孩子找到明确的目标，使他们能够避免迷茫、冷漠、焦虑、恐慌以及自我沉溺，彻底摆脱"空心病"的困扰。

　　帮孩子建立目标感，是父母的重要使命，也是父母送给孩子最好的礼物。父母应该帮助孩子尽早知道如何向着目标踏出第一步，让他们懂得为何需要目标、如何制定目标以及如何践行自己的目标，并最大限度地激发前进的动力。

强烈的目标感，
是孩子身心健康的金色护身符

　　我在工作中，时常会接触到那些沉迷于网络游戏而无法自拔的学生。他们的学业已然荒废，甚至连基本的人际交往能力也消失殆尽，对生活中的一切事物都漠不关心，这使人既担忧又惋惜。

　　这些孩子的学习热情和生活激情似乎已经被网络游戏榨干。他们缺乏目标感，就像风中的枯草一样摇摇欲坠，一旦遭遇生活的风暴，可能就会彻底失去支撑，被连根拔起。

　　这让我想起了法国著名文学作品《小王子》的作者圣埃克苏佩里的一句话："如果你想让某人造一艘船，先不要让他去搜集木头，也不要给他分配任何任务，而是要激起他对大海的向往。"这句话深深地触动了我，使我明白，对于这些孩子来说，他们真正需要的是什么。

他们需要的，正是那种对"大海"的向往，也就是目标感。当他们对生活有了目标和向往时，他们就会产生内在的动力，自发地去学习所需的知识和技能。而这种目标感，会让他们在面对困难和挑战时展现出极强的执行力和极高的解决问题的效率，这才是他们真正的人生助推器。因此，我们需要引导他们找到方向，向着那片属于他们自己的"大海"航行。

李沁轩，一个"00后"的男孩，从小就对各种交通工具怀有浓厚的兴趣。他两岁半的时候，一次与家人乘坐公交车回到家后，竟能完整无误地复述出所有的站名，令人惊叹。随着年龄的增长，他对交通工具的兴趣愈发浓厚，每次与家人旅行经过火车站时，他都会细心地拍摄照片，记录下每一个瞬间。

一次偶然的机会，李沁轩观看了一部空军题材的电视剧，从此对飞机产生了强烈的兴趣。他游历了国内众多飞机场，从不同的角度捕捉飞机的每一个细节。他还在家人的陪伴下积极飞往全球许多地方参加航展，努力拓宽自己的视野和知识面。

渐渐地，李沁轩的心中萌生了一个梦想——成为一名飞行员。为了实现这个梦想，他投入了大量的时间和精力在飞行方面的探索上。他在国际专业网站上与来自世界各地的志同道合的孩子们交流，分享彼此的经验和梦想，每天都过得充实而快乐。

家人见李沁轩如此专注和投入，感到非常欣慰。他对飞机的不断探索不仅没有影响学习，反而提升了他的学业成绩。尽管为了实现梦想，他牺牲了大量的休息时间，但他从未抱怨过，因为他清楚地知道自己的目标，所以几乎每一分钟都在为实现目标而奋斗。

要想成为一名合格的飞行员，李沁轩需要有全日制本科学历和优秀的英语成绩。因此，他目前正在全力以赴地投入专业学科的学习，同时也在积极备战托福考试。

对于李沁轩来说，无论是参加航展还是学习专业知识，都是他向着梦想前进过程中不可或缺的一部分。他的生命状态因此变得更加健康和充实。

我的女儿在初中升高中的关键时期，似乎并没有像其他孩子那样充满紧迫感。作为家长，我深知需要引导她找到自己的方向，帮助她树立目标感。于是，我们一起制订成长计划，展望未来。

在制订高中、大学乃至未来的计划时，女儿的态度变得专注起来。她向我表达了对未来的期望，希望成为一名画家或者从事与绘画有关的工作。她希望自己的高中生活能够有机会画画，而不是被学科学习完全占据。她甚至希望自己周末也能整天地进行绘画学习，而不是提前返校。

有了这样的大目标，女儿很容易便将自己的具体需求表达出来。于是，我们开始紧锣密鼓地筹备，除了关注公立学校之外，我们还逐一排查了所住地区的私立中学，并逐一列出各学校的教育特色及作息安排。

很快，一所以美术教育为特色的私立学校成为女儿关注的重点。这所学校允许孩子申请校外美术学习，并且它的高中部本身也有非常好的艺考教育资源，其中就包括美术教育。最终，女儿按照自己的意愿入读了这所私立学校。

在整个初中阶段，女儿的学习状态非常好。她跨年级结交了几个志同道合的朋友，她们的书法、绘画、板报等作品经常成为学校各类活动的亮点。为了让班级获得更多荣誉，她常常在周五、周六的晚上忙到深夜，即使有再好吃的食物也无法令她分心。

每个周末，我们都期待着她回家分享喜悦，这喜悦包含着她实现自我目标的每一个精彩瞬间。而这些精彩的瞬间都是她的自我驱动使然。

有了明确的目标驱动，她的人际关系也变得越来越好，班主任和各科老师都对她印象深刻。我们还在她所向往的一所重点美术类高中旁边租了一套房。这样，她可以经常看到这所学校的学生，窗外目之所及是这所学校的操场。她常常不由自主地将眼前看到的以及未来期待的内容都写进作文里，画在本子上，甚至连穿衣戴帽也明显接近那些艺术生的风格。

到初三时，女儿希望将更多的时间投入专业的美术学习中。于是，我们申请了校外个人学习。

实际上，女儿想就读的那所美术类高中非常难考，我们从来没有奢望孩子可以考上。但是，当孩子将它作为实现目标的一个必经节点时，她的整个学习状态都不一样了。事实上，除了每周一天的休息外，她几乎从早上一直学习到深夜，包括学习美术专业课和文化课，但她每天回家时，整个人都神采奕奕，从不觉得疲倦。

看着女儿如此专注和努力，我们深感欣慰。我们明白，有了目标的驱动，她的学习状态和生活状态都会变得更加饱满。我们相信，只要她继续保持这样的热情和动力，无论遇到什么困难和挑战，她都能够克服。

在我所观察的孩子中，那些目标感强的孩子和我的女儿一样，他们的精力十分充沛，眼神中闪烁着光芒。他们专注而坦诚，总是充满好奇心，有一种令人钦佩的钻研精神。

然而，那些目标模糊或完全没有目标的孩子则完全不同。他们往往打不起精神，上课时不是在睡觉，就是在做小动作。即使他们偶尔有所改变，也常常是三分钟热度，过一阵子又回到了原来的状态。

我认为，这可能与家长在孩子小时候没有对其做好目标引导有关。正是因为目标感的缺失，孩子很容易受到外界干扰，缺乏自信和自尊。随着时间的推移，他们的耐力也会越来越差，对团体性活动也会渐渐失去兴趣。自然而然地，学习就成了他们面临的一个难题。

然而，我们所看到的那些自信、有责任感和创造力的孩子，他们无一不是因父母的影响而拥有了较好的目标感。因此，他们可以直面更多、更大的困难与挑战，并且乐此不疲。目标感，如同孩子身心健康的金色护身符，确保他们平安稳妥地向着梦想一路前行。

从小播种，目标之花自然盛开

我曾读过一篇文章，讲述了中国从1997年到2008年涌现出的百余位文科、理科高考状元，他们在大学毕业后走向社会，参与工作，多年以后并没有做出那么突出的成绩和贡献。这一现象不禁让我想起了几年前在心理咨询室实习时遇到的一位男大学生。

他告诉我，他所在的大学里，一些男生沉浸在游戏中，而他也是其中之一。当被问及毕业后有什么特别想做的职业或项目时，他表示自己没有太多想法，无非和很多人一样，找个工资高一点儿的工作，简简单单地过日子。这种想法可能对于一个普通的大学生来说无可非议，毕竟不是每个人都天生具有强烈的使命感。但如果有这种想法的大学生较多，那么这些受过高等教育的人对自己的要求似乎过低了。这些年轻人曾经通过努力和奋斗取得了优异的成绩，但随着时间的推移，他们似乎逐渐失去了往日的动力。

近年来，有小学生也开始到心理咨询室进行咨询。他们刚从幼儿园入小学时还保持着很好的向上状态，但随着年龄的增长，到了小学高年级时就开始慢慢失去了斗志。他们沉迷于手机和室内游戏，对学习渐渐失去了兴趣。

为何会出现这样的情况呢？

这个问题困扰着很多家长。仔细观察那些成绩优异的孩子，他们在学校和家庭的严格要求下，常常以"乖巧"的状态示人。然而，一旦完成中考或高考目标后，他们中的有些人就失去了前进的目标和动力，状态逐渐松懈下来。

长期以来，很多家长把孩子的智力培育视为重中之重，一切以考试成绩为核心，却很少关注孩子的心理能量的培育。他们忽略了对孩子目标感的培养，没有意识到目标感对孩子全面成长的重要性。

实际上，一个人无论是技巧性的训练还是心智上的成长，即使速度再快，也需要时间和积累。每个环节的完善都会为下一个环节的进展奠定基础。所以，对孩子目标感的培养刻不容缓，而且越小培养越好。这样才能更好地完善各个环节的连贯性，从而最大限度地激发孩子的内在成长力量。

从孩子的成长发育规律来讲，0～3岁是孩子建立目标感的萌芽期，4～6岁是养成期。对于0～2岁的孩子而言，家长多陪伴他做些穿行隧道及障碍物方面的小游戏非常适合。这些活动可以让孩子在努力克服自身力量局限和外部环境阻碍的过程中，逐渐建立目标感。

孩子从2岁开始，表达能力开始逐步提升。此时可以多给他提供展示自我的机会，如讲一段小故事或朗诵一篇诗歌等。这些活动可以使孩子在展示自我的过程中，逐渐培养自信心和自尊心，这也是培养目标感不可或缺的重要元素。

从3岁开始，家长要对孩子的自我意识和对各种物品、区域的功能划分意识进行强化。在这个阶段，有些幼儿园也会进行一些简单的手工制作、文字抄写等。家长需要引导孩子养成主动完成的习惯，而不能让孩子觉得是在为父母做，或者需要不断提醒甚至强迫才会去做。通过这些活动，孩子可以逐渐学会设定和追求目标。

然而，如果家长在这个阶段没有给予孩子足够的关注和引导，孩子就会逐渐失去目标感和动力。他们可能会变得迷茫、无助和缺乏自信，不知道该如何面对未来的挑战。

所以，家长要在孩子还小时，就有意识地培养他的目标感。比如，外出活动时，让孩子多观察一些标志性建筑物或特别显眼的广告招牌等，这可以很好地培养孩子基本的方向感、目标感。

另外，时间观念的培养也很重要。孩子4～5岁时，家长要尽可能将时间具体化、精准化一些。比如，与孩子对话时，与其说"再等一会儿，公交车就来了"，不如告诉他"再等10分钟，公交车就来了"，这样，孩子就能慢慢体会1分钟、10分钟、半个小时到底是多久，以及在这期间还可以发生什么、做些什么，等等，这能让孩子做起事来更有计划和目标意识。

随着女儿的成长，我深感她从小建立的目标感在其人生路上的重要性。当她面对挑战、诱惑和迷茫时，这种目标感就会成为她前进的动力，使她坚定地做出选择、付出并坚守。

女儿曾告诉我，她能感受到一股无形的力量在引导着她。这其实是一种目标感，是对自身追求的敏感度。这种力量，虽然无形，却是真实存在的，它推动着我们不断前行。

当孩子从小就被这种力量牵引，便会逐渐明白自己与世界的联系，他们会更清晰地知道自己前进的方向和路径，而不是被动地等待家长的指令。

如今，我的女儿正处于高二年级的关键阶段，她清楚自己前进的方向，明白如何行动才能更好地实现目标。这得益于她在小学时期就已经为自己定下的目标。

正是这种强烈的目标感驱动着她积极主动地规划自己的阶段性小目标。与同龄的孩子相比，她在成长的道路上少走了许多弯路，减少了不必要的试错和摸索。

这种目标感不仅使她在学业上取得了优异的成绩，还使她在生活中充满了活力和自信。我深信，随着时间的推移，这种目标感会成为她的宝贵财富，助力她面对各种挑战。

　　作为家长，我们都希望孩子能够在未来的人生道路上走得更加坚定和自信。在这个过程中，培养孩子的目标感显得尤为重要。只有从小播种，目标之花才能早日盛开。所以在孩子年幼的时候，家长要抓住时机，努力培养孩子的目标感，为他们的成长奠定基础。

做孩子建立目标感的引领者

孩子的人生目标，从设立到实现，每个环节最重要的部分需要孩子自己独立完成。但是，家长在整个过程中起着至关重要的作用，他们可以引领和激发孩子，甚至在关键时刻及时纠正孩子的错误。

有了家长的陪伴，孩子在感到恐慌、焦虑时，可以得到必要的支持和引导，从而继续深入探索，最终找到并实现自己的人生目标。因此，家长是孩子实现目标过程中不可或缺的力量。

我的侄子，从小就展现出对绘画的浓厚兴趣。他总是喜欢在纸上涂涂画画，表达自己的想象和创意。随着年龄的增长，他对建筑设计产生了浓厚的兴趣，梦想着将来能成为一名杰出的建筑设计师。

他的妈妈始终陪伴并支持着他。妈妈带着他走访了多所美术高中，让他亲身体验不同学校的教育环境和氛围。同时，妈妈还积极地为他在图书馆、书店等地寻找与建筑设计有关的资料和书籍，帮助他深入了解这个领域的知识。

侄子上初二时，他所在学校的门庭需要进行改建，侄子决定挑战自己，他为学校画了一张新的门庭草图。他利用课余时间进行研究和设计，妈妈也帮忙搜集相关的设计案例做参考。

一个月后，他鼓起勇气向学校提交了自己的设计方案。令人惊喜的是，校领导对他的设计方案非常满意，并给予了高度的认可。最终，侄子的部分方案被采纳。

这次的成功使侄子更加坚定了自己的梦想，也让他更加明白妈妈的支持和陪伴的重要性。他知道，自己的成长离不开妈妈的鼓励和引导。妈妈不仅是支持者，更是导师，她用自己的经验和智慧为他提供了宝贵的建议。

如今，我的侄子正在一所师资力量雄厚的美术院校就读。他有了更多的机会与老师和同学交流，分享自己的设计理念。在未来的日子里，他会继续努力追求自己的梦想，为城市的发展建设贡献自己的力量。

在培养孩子的人生目标感方面，除了陪伴，激励同样起着至关重要的作用。只有激发孩子的好奇心、求知欲和想象力，他们才会主动去探寻和确立自己的人生目标。

举例来说，如果孩子对各类植物产生了浓厚的兴趣，作为家长，我们可以采取多种方式激励他们深入探索这一领域。

首先，我们可以与孩子一起阅读关于植物的科普书籍，使他们了解植物的生长过程、特点和分类等方面的知识。这样可以激发孩子的好奇心，使他们对植物有更全面的认识。

其次，我们可以鼓励孩子参加与植物相关的活动，如植物园的导览、园艺课程或植物摄影等。通过亲身体验，孩子能够更加深入地了解植物的魅力，并培养自己的兴趣和技能。

最后，我们还可以与孩子一起进行家庭园艺活动，如种植花草、制作植物标本等。这不仅能使孩子在实践中学习植物知识，还能培养他们的观察力和耐心。

通过以上方式，我们可以有效地激励孩子在植物领域进行深度探索，帮助他们设定自己的人生目标。同时，这样的激励方式也有助于培养孩子的自主学习能力和对大自然的热爱。

我看过一个关注植物的纪录片，纪录片中一位年轻专家面对镜头，讲述了自己是如何成为濒危植物的守护者的。

这位年轻专家从小就对植物怀有浓厚的兴趣，但他的爱好曾遭受过同学的嘲笑，他们认为只有女孩才会喜欢植物。然而，他的父亲并没有否定他的兴趣，反而激励他："既然你这么喜欢植物，何不成为一名植物拯救者？你知道吗，世界上有很多植物濒临灭绝，这是地球和人类的损失。"

父亲的这番话深深地触动了这位年轻专家的心。自此，他下定决心，要将自己的热情投入植物保护的事业中。经过多年的努力，他终于成为一位备受尊敬的濒危植物拯救专家。

斯坦福大学教授比尔·达蒙指出，如今孩子面临的最大问题是找不到人生的意义。对于那些缺乏目标感的孩子来说，他们的人生似乎只是一场漫无目的的漂泊。而那些怀有明确目标的孩子，却早已迈开步伐，勇往直前。作为家长，我们肩负着为孩子树立正确人生观的责任。

当然，要想成为好的陪伴者、激励者和引领者，首先家长需要有内在转变。只有家长的内心发生积极变化，其外在行为才会真正发生积极改变，而这自然会对孩子的成长产生积极的影响。

某一年高考期间，安徽省的一个考场里，出现了一位与众不同的考生——一位40岁的高龄考生。他的出现并非出于个人对大学的渴望，而是因为他的儿子正处于叛逆期，沉迷于游戏，不愿接受教育。儿子甚至挑衅说，父亲没有资格教育自己，除非他能考上大学。这深深地刺激到了这位父亲，他决定证明给儿子看，通过自己的努力来为儿子树立榜样。

单纯的说教往往难以激发孩子的动力，而身教却能深深影响孩子。托尔斯泰曾说："全部教育，或者说千分之九百九十九的教育都归结到榜样上，归结到父母自己生活的端正和完善上。"上述案例中的父亲正是如此理解的，他希望通过自己的行动为儿子树立榜样，引领他走出游戏，为自己的未来努力。

　　一位经历了两次考研失利的女生，她的状态陷入了低谷。为了鼓励女儿重新振作，50岁的母亲决定陪她一起参加考研。这位母亲是医院的护士长，平日工作繁忙，但她仍然利用零碎时间努力学习。

　　母亲的努力和坚持鼓舞了女儿，她重新振作起来，投入紧张的学习中。最终，母女二人一同考上了某医科大学的研究生。

这一案例再次证明，家长是孩子最好的老师。如果家长整天浑浑噩噩的，又怎么期望孩子能确立人生目标并为之努力呢？

家庭教育是一个持续不断的过程，需要家长的耐心、细心和用心。当我们成为高效的学习者，对自己选定的目标保持专注时，我们的孩子就会受到积极的影响。

以旁观者的冷静，指引孩子前行

在童年时期，我经常面临这样的提问："你长大后想做什么？"每次面对这个问题，我的答案都会因询问者的不同、环境的变化，甚至是我自己的成长而有所变化。

我渐渐察觉到，当我说出那些被大众认可的"主流理想"，如成为老师或医生时，往往会收获更多的赞美和肯定；而当我提及想要成为心理咨询师或经纪人这样的理想时，有些人会认为我过于理想化，甚至有些不切实际。

然而，我始终坚信，理想并不是为了迎合他人的期待，而是为了成就自己的人生。通过不断的学习和努力，我终于实现了自己的理想，成为一名专业的心理咨询师。

对于孩子的人生规划，许多家长可能会感到困惑：如何既给予支持，又保持旁观者的冷静？以下是我的一些建议，希望能对您有所帮助。

首先，要时刻提醒自己，我们只是孩子人生道路上的旁观者。当我们了解到孩子对未来抱有奇特，甚至在我们看来有些荒诞的想法时，如成为流浪者或为小鸟建房子，我们可能会觉得难以接受。正是因为我们与孩子的关系紧密，孩子的这些想法才更容易触动我们的情感。但我们必须记住，作为旁观者，我们需要保持冷静和客观，以免我们的不良情绪干扰孩子对未来目标的判断和选择。

其次，我们需要倾听孩子内心的想法。我们需要耐心地倾听孩子讲述他们的目标，无论这些目标在我们看来多么不可思议。我们要帮助他们清晰地描述出理想，以便我们更准确地理解他们的真实想法。比如，当我的女儿说她想成为一个"抓时间的人"时，我并不明白她的意思。但通过耐心的询问和引导，我逐渐明白，她其实是希望自己有让时光倒流的能力，这样她就可以再次见到已故的外公和丢失的宠物狗。

最后，对孩子进行启发式提问。面对孩子的人生规划，启发式提问至关重要。通过提问，我们不仅可以了解孩子的想法是否经过认真思考，还可以更高效、精准地引导他们。

那么，我们该如何对孩子进行启发式提问呢？首先，我们要启发孩子思考实现理想需要具备哪些能力。这样的问题能激发孩子主动思考，让他们意识到自己在哪些方面还有所欠缺。

接下来，我们要引导孩子分析他们目前的情况。我们可以问："你现在的能力状况怎么样？"这样的问题能让孩子明白自己的现状以及与目标之间的差距。

在孩子分析了自身情况后，我们可以顺势提问，让他们思考还需要做出哪些方面的提升，才能最终达到目标。这样的问题能让孩子意识到自我提升的重要性。

当孩子明确自己需要提升的方面后，我们要辅助他们明确行动时间表。比如，我们可以问孩子："你觉得什么时候适合开始进行这个能力提升训练？"或者"当你具备这个能力时，具体什么时候开始实施你的目标？"这样的问题有助于孩子将目标具体化，并落实到行动中。

在整个启发式提问的过程中，我们要时刻提醒自己是一个旁观者。我们要明晰，孩子接下来进行的努力是他们自己的事，而不是完成我们期待的事。

通过启发式提问，我们可以更好地引导孩子建立目标感，让他们意识到自己的努力是实现目标的关键。同时，我们也要尊重孩子的选择，让他们自由地追求自己的梦想。

在女儿追求艺术的道路上，我始终陪伴其左右，为她提供必要的支持。我为她寻找优秀的老师，确保她获得高质量的教育资源；

我陪她参观画展，鼓励她去户外写生，感受大自然的魅力。但我一直提醒自己，这是女儿的梦想，是她的人生，我只是一个提供帮助的家长。

在陪伴的过程中，我密切关注女儿的学习态度。我观察她是习惯性地逃避问题，但是愿意勇敢地尝试。我注意到她对某些事情极端厌恶，这就需要我理解并耐心引导。我明白，建立目标感是一个漫长的过程，需要孩子投入时间和努力。只有当她在自己的努力下取得进步，获得自信时，她才会更加坚定地追求自己的目标。

我始终鼓励女儿按照自己的节奏成长，不与其他孩子比较。我相信，当她真正感受到自己的能量和勇气时，她会更有信心面对未来的挑战。作为家长，我的责任是为她提供支持和引导，让她在成长的过程中发现自己的兴趣和树立目标。

我会陪伴女儿走过每一段旅程，见证她的成长和进步。但最终，目标感的建立是她自己的事情。我相信她会勇敢地追求自己的梦想，成为她想成为的人。

美国知名教育工作者朱莉·利恩科特-海姆斯的教育理念给我留下了深刻的印象。她以独特的方式诠释了父母与孩子之间的关系，让我深感共鸣。她提到，孩子并非盆栽，而是无名的小野花。作为家长，我们的职责并非塑造他们，而是为其提供一个适宜的成长环境。这个环境不仅仅是物质的，更多的是给予他们爱和关怀，通过日常点滴的爱，使他们变得坚韧不屈。

　　爱是关键。只有当我们真心地去爱孩子时，他们才会学会如何去爱他人，如何接受他人的爱。朱莉提醒我们，作为家长，我们的工作并非将他们塑造成我们心中的模样，而是支持他们，鼓励他们成为最璀璨的自己。

　　孩子目标感的培养并非一蹴而就的，我们不能急于求成。让孩子享受目标实现的过程，珍惜每一天、每一刻的成长。让我们尊重孩子的成长节奏，给予他们足够的空间和时间，让他们自由地绽放吧。

　　所以，让我们以旁观者的身份，用爱和理智去引导孩子，让他们自由地在人生的道路上探索和成长。

第二章 确定目标方向：指引孩子的人生道路

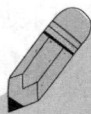

人生旅途，
家长是孩子最可靠的向导

前不久，在电梯里遇到了楼上邻居家的孩子。在闲聊的过程中，他略显尴尬地告诉我，他与同桌发生了一点儿小摩擦，不知道之后如何与同桌相处。我能够感受到这个正处于青春期的男孩内心的无助与羞愧。这不禁让我深思：为何一个青春期的孩子还不能妥善处理与同学之间的矛盾？答案显然与他的父母从小对他的教育和引导密切相关。

从婴儿呱呱坠地的那一刻起，父母便成为孩子人生旅途的启蒙者。在孩子的成长过程中，父母始终扮演着举足轻重的角色。父母正向的言传身教，给予孩子安全感、方向感，引导孩子形成正确的价值观。正是由于父母的正确引导，孩子才能朝着积极健康的方向成长。

反之，如果父母的教育方式不恰当或缺乏对孩子的关爱，孩子可能会在成长的过程中迷失方向，甚至陷入危险的境地。错误的引导或放任型的教养方式可能会让孩子对周围的世界产生误解，对道德、价值观形成扭曲的认识，进而引发一系列问题。这恰恰说明家长的言行举止直接影响孩子的素养和人格形成。

孟母为了给孟子提供一个良好的成长环境，不辞辛劳地多次搬家。起初，他们住的地方离墓地很近，孟子常常被周围散漫的环境所影响。为了改变这一现状，孟母毅然决定搬家。他们先搬到了集市旁，然而孟子又被集市上的热闹所吸引，整日玩耍而忽略了学习。为了给孟子创建一个更好的学习环境，孟母再次搬家，最终选择了一个学堂附近的地方定居下来。学堂浓厚的学习氛围深深地影响了孟子，从此他开始认真学习，最终成为一位思想深邃、智慧卓越的伟大学者。正是孟母的明智之举和不懈努力，引领孟子走向了正确的道路。

著名教育家苏霍姆林斯基说过："每个瞬间，你看到孩子，也就看到了自己；你教育孩子，也就是教育自己，并检验自己的人格。"这句话揭示了家庭教育的重要性以及家长与孩子之间的紧密联系。当家长能够与孩子建立良好的沟通关系并给予他们正确的引导时，教育就会变得更加容易和高效。家长通过言传身教，引导孩子逐渐形成自己的人生观、价值观和世界观。

曾经，我创建了一个家庭教育公益分享群。这个群成了家长交流心得、分享困惑的平台。其中，一位妈妈的经验尤为引人注目。

这位妈妈上三年级的孩子阅读能力有待提高。面对这一挑战，她没有简单粗暴地逼迫孩子读书，而是从家庭环境入手，寻找问题的根源。她发现，家里的阅读氛围不够浓厚，晚饭后她和孩子爸爸都习惯性地玩手机，这无疑给孩子营造了一个不良的家庭环境。为了改变这一现状，她与孩子爸爸商议设立家庭阅读时间，全家人共同参与，放下手机，沉浸在书的世界中。

这种以身作则的方法取得了显著的效果。孩子不再抵触读书，而是逐渐沉浸其中。在父母的陪伴和引导下，孩子的阅读能力得到了显著提高。这位妈妈的做法让我们明白，父母的良好行为是孩子最好的教科书，父母的一举一动都深刻影响着孩子的成长。

我还记得女儿在幼儿园时的一个小故事。当时，她的同桌总是抢夺她的东西。我告诉女儿，要勇敢地告诉老师，寻求帮助。女儿听从了我的建议，每次被抢东西时都会及时告诉老师。老师也给予了公正的调解，那个男孩的行为逐渐得到了纠正。

通过这次经历，女儿学会了捍卫自己的权益，知道在受到侵害时要勇敢面对。作为家长，我们有责任引导孩子正确地处理人际关系，让他们在成长的过程中学会保护自己。

父母是孩子人生旅途中的第一个向导，我们的指引对于孩子的成长具有深远的影响。我们不仅要在物质上满足孩子的需求，更要在精神上给予他们正确的引导和关爱。我们要关注孩子的心理健康和情感需求，与他们建立亲密的关系，倾听他们的心声。同时，我们还要时刻审视自己的行为和态度，力争成为孩子的榜样。

在养育孩子的过程中，我们难免会遇到困难和挑战。不过，我们要学会从失败中吸取经验和教训，不断调整自己的育儿方式和方法。同时，我们还要与孩子共同成长、共同进步，成为他们人生旅途中最可靠的向导。

根据孩子的兴趣与天赋锚定方向

随着孩子的成长，他们开始对周围的世界产生浓厚的兴趣，渴望探索更多的人、事、物。他们对事物的认知能力逐渐提升，开始形成自己的观点和喜好，甚至在某些方面展现出独特的天赋。这种兴趣和天赋不仅为孩子的生活增添了色彩，也为家长在引导孩子选择目标和方向时提供了重要的依据。

家长根据孩子的兴趣和天赋来帮助他们确定目标和方向，这无疑是一种极为有效的方式。如此能够激发孩子的积极性和动力，让他们在喜欢的领域充分发挥自己的潜力。

我认识一位妈妈，她的儿子在学习方面一直不太出色，读完中学后便表达了对继续读书的抵触。这位妈妈面临着一个艰难的选择：是让孩子像大多数孩子一样完成高中学业并参加高考，还是寻找另一条更适合孩子的道路？

在与孩子的深入交流中，她发现孩子对学校的学习内容并没有太大兴趣，他更倾向于追求自己真正热爱的东西。于是，这位妈妈和孩子的爸爸决定尊重孩子的选择，并开始帮孩子寻找一条更适合他的道路。

他们考察了各种技术学校和专业，向孩子详细介绍了每个专业的特点和前景，然后让孩子根据自己的兴趣做出选择。最终孩子选择了新能源汽车技术工程师专业，这个选择源于他对汽车的热爱以及浓厚的兴趣。

进入技术学校后，孩子全身心地投入学习中。他对新能源汽车技术充满热情，学习态度认真，经常受到老师的表扬。在一次实践比赛中，他还获得了奖金。技术学校的生活让孩子体验到了从未有过的快乐，他的心态变得更加积极，人也越来越开朗。

如今，孩子已经顺利毕业并获得了技术工程师证书。他在北京一家知名的新能源汽车企业工作，虽然有时会很辛苦，但他乐在其中。他为自己设定了升职加薪的目标，并展现出了令人赞叹的积极的工作态度。

每个孩子都有自己的兴趣和天赋。根据兴趣和天赋来帮孩子确定人生的方向，是一种行之有效的目标定位策略。这样，孩子不仅会表现出强劲的动力，而且会越来越喜欢所选择的方向。在这个过程中，他们也会逐渐明确自己的人生目标，并且坚定地走在前进的道路上。

著名的教育心理学家、多元智力理论的提出者霍华德·加德纳认为，我们每个人都拥有8种基本智力，即语言智力、逻辑智力、空间智力、音乐智力、运动智力、交往智力、自我反省智力和自然观察智力。这8种智力随机组合，决定了每个人的特长和天赋。这意味着每个人都有可能在某个领域展现出卓越的能力。

作为家长，我们需要有一双善于发现孩子特长和天赋的眼睛。当孩子展现出某方面的特长时，我们要给予鼓励和支持，让孩子能够深入发展，充分挖掘自己的潜力。这样，孩子就会在成长过程中不断体验到成功并发现自身价值，从而更加自信地走向未来。

无数成功人士的经历都证明了这一点。

奥运冠军谷爱凌热爱滑雪，在家人的支持下，她不断超越自己，最终在2022年冬奥会上为中国队赢得了2枚金牌和1枚银牌。

杭州第19届亚运会滑板男子碗池冠军陈烨，年仅15岁就成为中国历史上最年轻的亚运会金牌得主。陈烨8岁时对滑板一见钟情，他的父亲洞察到了孩子的兴趣，并给予其最大的鼓励和支持。陈烨对滑板运动的热衷使他克服了种种困难，

最终在亚运会上夺冠。

以上两个案例都有一个共同点：案例中的人物都是依据自己的兴趣和天赋去追求自己的目标，并在这个过程中展现出了超乎寻常的毅力和决心。他们不仅在自己所从事的领域取得了杰出的成就，更重要的是，他们活出了自己精彩的人生。

根据孩子的兴趣和天赋来帮助他们选择和确定人生方向，能够让孩子更加自信、坚定地走向未来。

当一个人对某件事充满兴趣时，他就会愿意去做，而且会做得更好。这是因为兴趣激发了他的动力和热情，使他更加专注于此。如果一个人对某件事没有兴趣，那么他再怎么努力也难以激发内在的动力去完成它。因此，对于孩子的人生方向的确立，家长应该从他们的兴趣和天赋出发，辅助他们做出规划。

遗传学家发现，人的智力由一对基因决定，而特殊的天赋则由另外的五对基因决定。这五对基因中的每一对都有可能为孩子带来特殊的才华。但是，这些才华往往需要特定的环境和条件才能得以施展。因此，根据孩子的兴趣和天赋来为他们选择人生方向，可以让他们在最适合自己的领域发挥最大的潜力。

当然，选择人生方向并不是一件容易的事情。我们需要综合考虑孩子的兴趣、才能、素质以及所处的环境和条件，只有这样，我们才能为他们选择一个最适合的人生方向。

　　总之，孩子的兴趣和天赋是他们设立人生方向的一个重要参考。我们应该珍惜并充分利用兴趣和天赋，辅助孩子选择最适合自己的人生方向。只有这样，他们才能在自己喜欢的领域尽情发挥，从而创造出属于他们自己的精彩人生。

明确目标方向，坚定信念

在孩子的成长过程中，家长往往都有一个愿望：孩子从小就能明确自己的人生目标，树立远大的理想。这种想法是美好的，寄寓了家长对孩子的期望和关爱。

事实上，许多孩子在确立目标后，由于种种原因，如遇到困难、外部环境变化等，很容易放弃自己的目标。这种情况在年龄较小的孩子中尤为常见。他们缺乏足够的经验和判断力，难以应对复杂多变的情况，因此需要家长的帮助和支持。

当然，随着孩子的成长和社会的变化，目标也需要适时调整，但这并不意味着可以随意改变目标。一旦确定目标，就应该坚定地走下去，即使需要调整，也应该是微调和修正，而不是完全改变方向。

心理学研究也证实了这一点。那些取得一定成就的人，往往具有远大的目标和坚强的意志力。他们能够持之以恒地努力，不断向前迈进。相反，那些缺乏目标和意志力的人，往往会半途而废，错失许多机会。

因此，作为家长，我们需要时刻关注孩子的成长和发展，鼓励他们树立远大的目标，并坚定信念。只有这样，孩子才能在人生的道路上走得更远、更稳。同时，我们也需要教会孩子如何应对挫折和变化，培养他们的适应能力和应变能力。这样，他们才能在未来的挑战中不断成长和进步。

当孩子目标不坚定时，家长可以给他们讲下面这个《楚王射箭》的故事。

楚王是一位技艺高超的射手，他日夜苦练，只为在狩猎中展现他的箭法。一天，他带着满满的自信来到野外，想要测试一下自己的箭术。在随风摇曳的芦苇荡中，野鸭子成群结队地出没。楚王找到一个合适的位置，命令侍卫驱赶鸭子，自己则瞄准了目标。

然而，就在他准备射出致命一箭的时候，他的注意力被一只突然跳出来的野山羊分散了。楚王改变了主意，认为射中野山羊比射中野鸭子更有成就感。但就在他瞄准野山羊的时候，一只美丽的梅花鹿又闯入了他的视线。他觉得相比之下，梅花鹿的价值似乎更高。

然而，就在他准备射出第一箭的时候，一只鹰从半空中飞过。楚王又心动了，想要射下这只鹰。但是，敏锐的鹰察觉到了地面的动静，调整方向飞向了远方。

楚王这时才发现，自己已经错过了所有的猎物。他站在芦苇荡边，手里拿着弓箭，心中满是懊悔。

这个故事告诉我们，一旦确定了目标，就应该坚定不移地追求，不能被其他因素干扰，否则，就可能一无所获。

这个故事很好地诠释了专注于目标、精准执行的重要性。当我们教导孩子要目标坚定、不轻易放弃时，可以将这个故事作为生动的教材，使他们明白，只有专注于目标、持之以恒地努力，才能获得成功。

在我女儿的初中的美术课上，某位老师给同学们上了一堂令人印象深刻的课。老师要求一位同学同时在黑板上用左手画圆，右手画方。尽管这位同学尽力尝试，但结果并不理想，画出的图形既不圆又不方。我的女儿对此感到不服气，认为自己可以一心二用，然而尝试后也是同样的结果。

这个简单的试验使同学们明白了一个重要的道理：无论做什么

事情，都必须有一个明确的目标，并且全心全意地为之努力。只有专注且坚定地朝目标前进，才有可能获得最大的成功。

然而，让孩子保持对目标的专注并不容易。他们可能会因为各种原因而失去对目标的坚守。作为家长，我们需要引导和帮助他们明确和坚定自己的目标。我们需要帮助他们理解，只有坚定不移地朝目标前进，才有可能实现他们的梦想。

对于孩子目标不坚定的问题，我有以下四点建议。

1 了解并尊重孩子的成长规律

我们需要理解，孩子在成长的过程中会面临许多挑战和变化，他们的情绪和行为也会受到生理变化的影响。因此，我们应该给予孩子一定的时间和空间来调整自己的状态，避免强迫他们去执行目标。我们应该了解孩子的成长规律，尊重他们的个性和需求，让他们在适宜自己的舒适的节奏中逐步适应并坚定目标。

2 灵活调整教育策略和方法

每个孩子都是独一无二的，他们有着不同的兴趣、能力和需求。我们需要根据孩子的实际情况，制定适合他们的目标和方法，这样才能更好地激发他们的内在动力和兴趣，使他们更加积极地追求自己的目标。

③ 借助第三方的力量来帮助孩子坚定目标

第三方力量，可以包括孩子的朋友、同学、队友、老师、教练等。这些人可以给予孩子鼓励和支持，帮助他们克服困难、完成挑战，从而更好地实现自己的目标。

④ 及时肯定孩子的进步和成就

当孩子在达成目标的过程中取得进步时，我们应该及时给予他们肯定和鼓励，让他们感受到自己的努力得到了认可和赞赏。这样可以帮助孩子增强自信心和动力，促使他们更加努力地追求自己的目标。

总之，作为家长，我们应该在孩子成长的过程中给予他们足够的支持和引导，帮助他们坚定目标、克服困难，实现自我成长。

引导孩子自由选择自己的路

很多家长非常重视对孩子特长的培养，甚至部分家长在孩子入幼儿园之前就开始为他们寻找各种兴趣班和特长班。这种做法可以理解，但是有些家长在选择时可能过于盲目，没有从孩子的自身条件出发，导致孩子走上了不适合自己的道路。

我曾经也是这样的家长。看到女儿对舞蹈产生了兴趣，我就为她报了舞蹈班，让她开始了半专业化的舞蹈学习。每当看到她表演时，我都感到非常自豪。但是，渐渐地，我发现女儿开始出现厌烦情绪。

有一天，我提前去接她放学，透过教室的大玻璃窗，观察她的训练。我发现，尽管音乐节奏很美，但女儿的舞蹈动作却显得生硬和不协调。她时不时地停下来，显得局促不安，不知道该怎么做。

回到家后，我与女儿坦诚地进行了交流，她告诉我，她之所以选择跳舞，主要是因为跳舞时可以穿上漂亮的裙子，但实际上她并不喜欢枯燥的排练；她更喜欢安静地画画。

于是，我开始让女儿更多地接触儿童美术。两个月过去，女儿对美术的兴趣越来越浓，也得到了老师的充分鼓励。而她的舞蹈训练则成为一种不得不走的形式。最终，我终止了女儿的舞蹈学习，让她把更多时间投入她更喜欢的美术学习上。

这段经历使我意识到，特长培养非常重要，选择适合孩子的特长培养最重要。家长在为孩子选择特长培养时，应该从孩子的自身条件出发，了解他们的兴趣和潜力，而不是盲目跟风，或者把自己的意愿强加给孩子。

在女儿的成长过程中，我始终坚持让她接触不同的领域，让她自由选择自己真正热爱的方向。即使在确定了美术这一主攻方向后，我也没有阻止她去尝试其他的事物。

从小学到初中，女儿尝试过音乐、木工、足球、演讲等各类课程，但她始终没有放弃对美术的热爱。如今，她已经把美术专业作为高考的唯一目标。我曾幻想过女儿成为大画家或美术老师，但我也明白，无论结果如何，美术的学习都会为她的人生增添一分亮色，可以提升她的审美能力。

作为家长，我深知强行让孩子走大人设定的道路可能会导致他们对生活失去热情和动力。我不希望女儿因我的期望而感受到压力和被束缚，所以我一直鼓励她勇敢地追求自己的梦想，选择自己真正热爱的领域。

对此，网球冠军李娜分享了自己的见解。她认为，孩子的不自信主要来自家长的控制和约束。

李娜还指出，很多家长喜欢与大多数人保持一致，因为他们觉得一旦超越大众主流的认知，可能会受到他人的批评。这种想法导致许多孩子按照家长期望的方式生活，而不是追求自己的梦想。她认为，这种生活方式限制了孩子的创造力和独立思考能力的发展。

李娜选择将自己的奖杯和网球藏起来，她希望孩子能根据自己的兴趣做出选择，而不受外部因素的影响。她认为，家长应该为孩子提供一个自由的成长环境，鼓励孩子尝试新事物，并从中发现自己的兴趣和特长。

夏蒂，一个年仅16岁的少女，对她心爱的马有着无比的热情。温洛斯是她的最爱，为了让它在大型展示活动中有一个完美的亮相，夏蒂花费了数个星期对其进行训练。

比赛那天，夏蒂凌晨3点就起床，为温洛斯精心打扮。它的每一根鬃毛都经过精心梳理，它的尾巴犹如艺术品般精致，皮毛如金属般闪亮。赛场上的夏蒂也毫无瑕疵，仿佛一个洋娃娃般引人注目。

然而，比赛中的温洛斯却并未按照预期的那般跳跃。听到三次命令后，它仍未有任何动静。因为这个失误，夏蒂被取消了比赛，她为温洛斯付出的所有努力都化为泡影，赢得绶带的梦想瞬间落空。

但夏蒂并未因此而放弃。她决定从头开始，重新争取自己想要的东西。夏蒂开始四处寻找理想的马，她参观马房，参加展览，阅读所有关于马的信息。最终，她找到了基恩·玛姆，一只漂亮但略显稚嫩的马。

夏蒂和基恩·玛姆第一次相见便互相吸引，但问题也随之而来：购买基恩·玛姆所需的钱远远超出了夏蒂手中的预算。但夏蒂坚决不要父母的援助。

夏蒂明白，如果自己想要得到一样东西，就必须为之努力。为了得到基恩·玛姆，她精心制订了一个详细的计划。她出售温洛斯，将出售费作为起始资金。接着，她找到了一份兼职来补贴开销。此外，她还请教专家以更好地训练基恩·玛姆。

经过长时间的辛苦训练，夏蒂和基恩·玛姆终于在比赛中取得胜利。最终，夏蒂的房间墙上挂满了各种颜色的绶带，她的付出终于获得了回报。

　　夏蒂是一个为了梦想不断努力的孩子。她最终得到的回报不仅改变了她的生活，还影响了她的人生轨迹。即使回报并不丰厚，甚至得不偿失，但这段追求梦想的经历本身就是宝贵的财富。

　　因此，家长应该给予孩子自由选择和尝试的空间，让他们去体验自己的选择所带来的结果，这样即使孩子在选择的过程中以及前进的道路上遇到挫折，他们也能够从中吸取经验和教训。

时刻谨记：只引导，不插手

蒙台梭利曾深刻指出："纪律必须建立在自由的基础上。"在养育孩子的过程中，我们应尊重孩子对世界的好奇与探索，避免过度抑制他们的自发活动。当孩子对周围事物有了足够的感知时，他们对世界自然会形成自己的理解和认知。这种理解与认知正是蒙台梭利所说的"秩序感"。

随着孩子逐渐长大，他们的独立意识开始觉醒。此时，我们更应该尊重孩子的感受，尝试从他们的角度去理解问题，引导他们以积极的方式处理问题。在孩子成长的道路上，我们应该给予他们足够的自由，让他们去探索、尝试，并从中发现自我。

在一次心理沙龙活动中，一个小男孩给我留下了深刻的印象。他四五岁，性格乖巧。休息时，他看到我没有水杯，便想主动帮我取水。然而，他的这一自发行为被母亲以"四处乱跑没有礼貌"为由给制止了。我注意到了孩子眼中的失落，于是鼓励他去取水。最终，在沙龙负责人的帮助下，他成功地帮我取到了水。我由衷地感谢他，他的脸上洋溢着成就感。

我们常常会以社会标准或他人的看法来教导孩子，这样做往往忽略了孩子的内心感受。真正的尊重，是重视孩子的感受，允许他们做自己，给予他们足够的自由去探索世界。即使失败了，也是他们成长的一部分。只有这样，孩子才能真正地发展自己，锻炼出勇气和力量，形成独立的人格特质。

尹建莉在《好妈妈胜过好老师》一书中写道："真正的自由并非放任，而是赋予孩子选择权、尝试权和犯错权，使他们从中获得宝贵的生活经验，促进个人的成长。"

我们必须认识到，每个孩子都拥有独特的才华与潜力。当孩子被赋予选择权，去尝试自己真正热爱的事物时，他们会展现出令人惊叹的潜能。

有个小男孩，出身于普通家庭，他的父母是剧团里辛勤的杂耍艺人。

有一次，在学校的作文课上，老师布置了关于理想的作文任务。小男孩倾注了所有的情感，洋洋洒洒地描绘了他的梦想——拥有一座属于自己的剧院。他满怀期待地交上了作文，以为老师会给予他鼓励和支持。然而，现实却给了他沉重的打击，老师认为他的理想不切实际，因为他没有金钱和地位的支持。

小男孩拿着那份零分作文，泪流满面。他找到父亲，希望能得到一些慰藉和指导。父亲慈爱地看着他，告诉他："孩子，你的梦想是属于你的，没有人有资格否定它。你需要自己决定前进的方向。"那一夜，小男孩辗转难眠，他思考着自己的未来，坚定了自己的信念。

时光荏苒，多年后当那位老师踏入一家气派非凡的剧院时，他被眼前的景象所震撼。而更让他惊讶的是，一位风度翩翩的男士走到他面前，微笑着说："老师，您看，这就是我心中的剧院，我实现了我的梦想。"

或许有人会认为这个小男孩是幸运的，但每个孩子都有可能实现自己的梦想，关键在于我们如何引导他们。作为家长，我们应该让孩子明白：生活中总会有许多困难和挑战，我们虽然无法控制所有的事情，但我们可以拥有自己的态度和选择。当前的困境只是暂时的，只要我们坚定信念、勇往直前，就一定能够实现自己的梦想。

同时，我们也要让孩子知道：每个人的生命都是独一无二的，我们的人生轨迹由自己来描绘，不要过分在意他人的评价和看法，因为那并不是真正的自我；我们应该勇敢地追求自己的梦想，只有这样，我们才能真正地实现自己的价值，创造属于自己的幸福人生。

近几年，一部备受瞩目的电视剧《小欢喜》深刻地展示了中国家长在面对青春期孩子时所经历的教育焦虑。

剧中，中年母亲童文洁是一个性格强势、能干的女性。她发现儿子的成绩下滑时，立刻决定带他去报补习班，但这一决定遭到了儿子的强烈反抗。在公共场合，母子俩发生了激烈的争吵，最终不欢而散。

童文洁与儿子的相处方式显得过于专制和强迫，她过度干预孩子的学习计划，将自己的焦虑情绪投射到孩子身上，导致孩子在成长过程中缺乏独立性和自我认同感。

另一位母亲宋倩表现得更甚。她对女儿的学习和生活进行了严格的管控。女儿乔英子成绩优秀，但因与父亲联系过于频繁而导致成绩下滑。宋倩无法接受女儿成绩的下降，开始限制乔英子与父亲的见面次数，甚至逼得孩子以死相逼。

宋倩将她的不安全感和缺失幸福感投射到孩子身上，试图通过孩子的成就来弥补自己内心的空洞。这种做法严重剥夺了孩子自由选择和独立成长的机会。

　　许多家长可能会从剧中找到自己的影子。我们常常以强势的方式干预孩子的人生，而忽略了给予他们自由选择和成长的空间。

　　国内知名心理咨询师、作家武志红在《为何家会伤人》一书中指出，家长"不做什么"有时候比"做什么"更能体现爱。作为家长，我们承受着生存压力。我们需要照顾好自己内心的缺失，学会关注和支持自己，而不是无意识地将自己内心的需求强加给孩子。我们只有处理好自己的情感需求，才能给予孩子真正健康的爱与关注。

　　人生是一场独特的旅行，每个人都有自己的轨迹。作为家长，我们应该鼓励孩子勇敢地追求自己的梦想，而不是活在他人的期望和影子中。我们要引导孩子成为自己人生的船长，掌握自己的航向。只有他们真正了解自己的内心和目标。

　　所以，我们要时刻谨记：只引导，不插手！

第三章

设定个人目标：
引导孩子奋勇向前

帮孩子设立学习目标和人生目标

　　目标感的设立，对于孩子的成长和成就至关重要。明确的目标感，有助于孩子在成长过程中保持清晰的思路，理性面对各种挑战。

　　那么，我们该如何帮助孩子设立学习目标和人生目标呢？怎样的引导方式才能使孩子走上真正的目标实现之路呢？

　　以一个对机械感兴趣的孩子为例，我们可以鼓励他去了解各种机械的工作原理，甚至尝试自己制作一些小玩意。在这个过程中，他会遇到各种问题，也会找到各种解决办法。这样的经历，不仅会增加他的知识、增强他的技能，更重要的是，他会体验到解决问题的乐趣，从而更加坚定自己的目标。

在帮助孩子设立学习目标和人生目标方面，我总结了自己的教养心得及实践体会，供大家借鉴。

1 积极引导孩子将兴趣与目标联系起来

孩子通常对自己感兴趣的事物更有追求的动力，因此，家长应该关注孩子的兴趣点，并尝试将它们与孩子未来的职业和生活目标联系起来。比如，孩子对绘画感兴趣，家长就可以鼓励他们学习相关的艺术技能，并探讨在绘画领域的职业发展机会。通过这种方式，孩子可以将自己的兴趣转化为具体的目标和行动计划。

2 帮助孩子意识到目标与现实之间存在的差距

了解现实情况是实现目标的前提，家长需要向孩子解释目标的实现需要付出努力和时间。比如，孩子希望成为一名医生，家长就可以告诉他们这需要经过多年的学习和培训，以及面对各种挑战和压力。通过这种方式，孩子可以更好地理解实现目标所需的具体努力和准备。

3 鼓励孩子将个人热情与现实问题进行串联

孩子的个人兴趣和热情不应该仅仅满足自己的需求，如果能用来解决现实问题并为社会做出贡献那就更好了。家长可以引导孩子关注当前的社会问题，并鼓励他们思考如何用自己的知识和技能来解决现实问题。比如，孩子对环保感兴趣，那么家长可以鼓励他们参与环保活动或研究相关的解决方案。这种将个人热情与现实问题进行串联的方式可以激发孩子的责任感和创造力。

4 经常提问一些引发孩子思考的目标导向问题

家长可以通过提出一些启发性的问题来帮助孩子思考自己的兴趣、目标和未来，帮助他们更好地了解自己并朝着自己的目标努力。比如，"你为什么对这个问题感兴趣？""你希望在这个领域取得什么样的成就？""你如何实现这个目标？"……这些问题可以帮助孩子明确自己的目标，并制订实现目标的计划。

5 给孩子足够的自由去发现和探索自己的兴趣和目标

家长应该给予孩子足够的时间和空间去尝试新的事物、探索自己的兴趣和发现自己的目标。不要过于限制孩子的选择和行为，而要鼓励他们尝试不同的事物，从中发现自己的潜力和特长。当孩子遇到困难和挫折时，家长应该给予他们支持和鼓励，帮助他们克服困难并继续前进。

无论目标大小，都是孩子内心的渴望和追求。我们不能简单地将目标划分为好、坏两种，因为孩子的每个目标都是独特的，都蕴含着孩子的热情和决心。所以，只要是孩子真心想要实现的，无论是学习上的小目标还是未来的大梦想，我们都应该全力支持他。

作为家长，我们需要有开阔的视野和冷静的判断。在引导孩子设定目标时，我们不能只看眼前的利益或短期的成果，而忽略了孩子长期的成长和发展。我们需要以平和的心态来看待孩子目标的实现过程，明白任何目标的达成都需要时间和努力。

我们应该鼓励孩子积极思考，激发他们的创造力。在追求目标的过程中，他们会遇到各种挑战和困难，这是他们成长的必经之路。我们要鼓励孩子勇敢面对挑战，促使他们不断学习和成长。

激发孩子的内在动力是至关重要的。因此，我倾向于与孩子深入探讨他们的兴趣点、天赋和特长，因为这些都是了解孩子内心世界的切入点。这些兴趣点可能源自他们对足球的热情、对流行音乐的狂热，或是对历史小说的痴迷……这些独特的热情正是激发他们学习动力的关键。

为了真正了解孩子的内心想法和未来目标，我与他们进行了真诚而深入的交流。这种交流并不仅仅是一次谈话，而是建立了一种长期、互信的关系。在交流中，我会引导孩子思考自己的兴趣和目标，并鼓励他们分享自己的想法和梦想。同时，我会帮助他们制订实现目标的计划及对应的行动步骤，使他们更加明确地朝着自己的方向和目标前进。

家长在孩子的成长过程中扮演着重要的角色。我们应该经常与孩子进行交流，了解他们的内心世界和目标追求。这需要家长付出时间和耐心，真诚地倾听孩子的想法和意见，尊重他们的选择和决定。通过循序渐进的沟通和引导，家长可以帮助孩子建立自信，坚定地走向美好的未来。

借用SMART原则设立有效目标

张阿姨家的小明现在正读小学四年级。张阿姨一直很注重对小明的教育，每学期开始前，她都会精心为孩子设定学习目标。然而，最近张阿姨脸上少了几分笑容，原来除了学期刚开始设定的学习目标没有达成之外，小明在运动和减肥方面的目标也未能实现，这无疑让张阿姨感到焦虑。

我的好友也和我分享了她的困扰，她为孩子设定了一个每周参加3个兴趣班并取得优秀成绩的目标。但奇怪的是，孩子答应得好好的，却总是无法实现目标。

小明和我好友的孩子并非个例，他们所面临的问题在许多家庭中都有出现。每逢开学、元旦、新年或孩子的生日，家长总会为孩子设定新目标，期望孩子更上一层楼。然而，最后往往事与愿违。即使家长以"监督员"的身份严格监督，孩子还是难以坚持到底。

这背后的原因究竟是什么呢？

实际上，孩子之所以无法实现目标，往往是因为这些目标本身就是不切实际的"假目标"。如何制定可实现的目标？这就需要家长遵循一套科学的目标设立原则。

在家长寻求帮助孩子设立有效目标的过程中，SMART原则是一个被广泛认可的主张。这个原则最早是在1954年由管理大师彼得·德鲁克在其著作《管理实践》中提出的，SMART原意为"聪明的、敏捷的"，而每个字母S、M、A、R、T分别代表一个具体的标准，为家长在帮孩子设立目标时提供了明确的指导。

❶ S（Specific）代表具体性原则

这意味着目标必须是明确、具体的，而不是模糊、抽象的。比如，家长告诉孩子"这个学期你要提高数学成绩"，这样的目标可能会让孩子感到困惑，因为它没有具体指出要达到什么样的标准或目标。为了使目标更加具体，家长可以与孩子一起制定更具体的目标，如每周完成哪些数学练习，或者每月学习多少数学知识等。

❷ M（Measurable）代表可衡量性原则

这意味着目标应该是可以量化的，以便于评估进度和结果。比如，孩子的目标是提高英语口语能力，那么可以将目标设置为每周与英语母语人士进行多少次对话练习，或者每月参加多少次英语角活动。这样，家长就可以根据孩子的实际参与情况来衡量目标的实现程度。

❸ A（Attainable）代表可实现性原则

这就要求目标必须是可行的，并且孩子可以通过自己的努力实现它。

有时候，孩子在设定目标时过于乐观，认为只要敢想就能实现，但是在行动过程中会遇到各种困难和阻碍。因此，一个好的目标应该是既有挑战性又可实现，让孩子通过努力能够达到。

美国心理学家丹尼尔·威林厄姆在他的研究中提到，"跳一跳，够得着"的目标最容易使人产生成就感。家长在帮助孩子设立目标时，要掌握好这个尺度，让孩子感到目标具有可实现性，从而获得成就感。

举个例子，如果孩子想提高数学成绩，家长可以与孩子一起制定具体、可行的目标，如一学期下来，数学成绩提高多少分。这样的目标既具有挑战性，又具有可实现性，让孩子能够通过自己的努力逐步实现目标。

另外，如果孩子长时间无法完成目标，就容易产生习惯性逃避心理。为了避免这种情况，家长可以及时与孩子沟通，了解孩子目标未能完成的原因，并帮助孩子调整计划或策略，让孩子逐渐克服困难，从而实现目标。

④ R（Relevant）代表相关性原则

目标不仅要符合孩子的兴趣和长期发展规划，还要与他们的实际情况相关联。比如，孩子想提高英语口语能力，那么与英语相关的活动或资源应该与他的目标相关联。同时，如果总目标需要分级实现，那么每个分目标也应该与总目标保持一致。

以体重为例，如果孩子因体重超标而想减体重，那么他的目标就是减少体重并保持健康的体态。为了实现这个目标，他可能需要制定一系列相关的分目标，如每周进行三次有氧运动、每天控制饮食热量的摄入等。这些分目标与总目标相关联，有助于孩子逐步实现减重的目标。

相反，如果孩子的分目标与减重总目标不相关，如每周进行一次演讲训练，那么这个目标可能不会直接帮助他减肥，也就无法体现出相关性原则。因此，在制定目标时，家长和孩子应该确保每个分目标都与总目标相关联，这样才能更好地实现目标。

⑤ T（Time-bound）代表时间限制原则

在目标管理的过程中，时间限制是至关重要的。没有时间限制的目标往往缺乏紧迫感，孩子可能会觉得时间还很多，从而慢慢失去努力的动力。因此，在设定目标时，家长应该与孩子沟通确定具体的时间期限。

以学习英语为例，如果孩子想提高英语口语表达能力，那么家长可以与孩子一起制订一个时间表，明确每天的学习时间和学习内容。这样，孩子就会有一个明确的时间限制，从而更有动力去实现目标。

如果时间期限已到，但目标未能完成，家长应该及时与孩子一起分析原因，并考虑是否需要调整目标难度或时间安排。通过及时的调整和反馈，可以帮助孩子更好地实现目标。

遵循时间限制原则不仅有助于孩子实现目标，还能培养他们的时间管理能力和自控力。通过与孩子一起制订具体可行的时间表，家长可以帮助孩子更好地规划学习和生活，从而更好地实现目标。

总之，掌握SMART原则的家长可以更好地指导孩子设定有效的目标。遵循具体性、可衡量性、可实现性、相关性以及时间限制原则，可以帮助孩子深入思考目标的各个方面，培养他们的积极性和自信心。与孩子一起行动起来，制定具有挑战性、可行性和明确时间限制的目标吧！

计划先行，然后安排时间表

每一个孩子都怀揣着属于自己的目标和理想，他们或是想在学习上追求卓越，或是想在体育上期待突破，抑或是想在艺术上展现自我。然而，实现这些目标的过程并非一帆风顺。许多孩子虽然设定了目标，但在实际执行时难以全身心地投入其中。

这并非因为他们缺乏热情或决心，而是很多时候，他们没有明确的前进计划。孩子虽然热情高涨，他们愿意付出努力，但如果没有一个明确的行动方案，就可能在众多目标中迷失方向，从而难以持续地付出努力。

分析其原因，有些孩子缺乏自律，无法持续地追求目标；有些孩子过于优柔寡断，无法在众多的目标中做出选择；还有些孩子缺乏必要的能力，不知道如何去实现目标。此外，孩子可能还会受到外界的影响，无法拒绝他人的请求而受到干扰，导致无法专注于自己的目标。

因此，制订一个有效的行动计划表显得尤为重要。这不仅可以帮助孩子明确自己的目标，还可以指导他们分步骤、有计划地实现这些目标。这个过程需要孩子明白自己要什么，以及为什么这么做。只有这样，目标才能真正进入他们的内心深处，成为他们行动的动力。

我接触过很多行业的成功人士，当我询问他们成功的秘诀时，他们总是强调：计划、计划、再计划！对于这一点，我们不难理解。想象一下盖房子的情景，如果没有施工设计图，那么我们如何知道要用什么材料、什么工具，如何决定在哪里打地基、要盖成什么形状、盖几层楼等。如果没有计划，我们便无从下手。

实际上，计划是孩子人生旅程中的重要导航工具，可以帮助他们明确方向，聚焦目标，并高效地实现梦想。那么，如何引导孩子制订有效的计划呢？

鼓励孩子写下所有的计划。这些计划可以是他们心中的大目标，也可以是微小的日常愿望。通过书写，孩子能够更清晰地思考和认识自己的内心世界。不论这些计划是否能够实现，都将它们一一记录下来。

接下来，从写下的计划中挑选出4个最重要、最希望在当年实现的。这4个计划将成为孩子当年的核心目标。如果只能实现1个计划，那么请选择出来，然后将其他3个计划按照优先级排列。

有了核心目标和其他重要计划之后，下一步是设定具体的完成期限。每个计划都需要一个明确的完成时间，然后按照优先级为每个月分配任务。这样的安排会让孩子的生活更有条理，目标更明确。他们将发现自己做事更有动力，效率更高，实现目标的概率也大大增加。

这样做还可以让孩子懂得，时间是他们自己可以掌控的宝贵资源，只有他们自己才能决定如何有效地利用时间。教导孩子珍惜时间，专注于重要的事情，是培养他们自主规划和高效执行的关键。

美国作家格伦·范·艾克伦对于如何实现目标有着独到的见解，他总结的如下这些建议，对于我们引导孩子制订计划、提高效率非常有启示。

1 根据事情的轻重缓急来排定处理的先后顺序

这一点与我前面的建议是一致的。实际上，在孩子的生活中，他们会面临各种各样的任务和活动，但时间和精力是有限的。因此，教会孩子根据事情的紧急和重要程度来安排处理顺序，是提高效率的关键。让他们学会选择，聚焦于真正重要的事情，而不是被琐碎的事情分散精力。

2 抓住实质，问对问题

在追求目标的过程中，孩子可能会遇到困难和感到迷茫。这时候，我们要引导他们深入思考问题的本质，并问自己："现在花时间在这上面，对我而言是否值得？"这样的问题有助于孩子明确自己的方向和目标，从而做出更有意义的行动。

3 以结果为导向，而不是以活动为导向

很多孩子可能会陷入忙碌的状态，但真正的成就却不多。我们要教会孩子关注结果，衡量自己的效率和成果，而不是单纯地看自己有多忙。这样，他们才能更好地专注于真正重要的事情，从而取得更大的成就。

4 学习拒绝的艺术也是必要的

有时候，孩子可能会觉得拒绝他人会让自己失去他人的认可。我们要帮助他们认识到自己的极限，学会适时地拒绝。这样，他们才能更好地利用自己的时间和精力，追求自己的目标。

5 教会孩子利用零碎时间，并为自己设定截止时间

生活中有很多等待和空闲的时刻，这些零碎时间如果能够被充分利用起来，将会给孩子带来很大的收获。同时，设定截止时间能够激发孩子的行动力和紧迫感，促使他们在规定的时间内完成任务。

逐一攻克小目标

　　当孩子向我们说出他们的梦想时，我们能感受到他们的热情和决心。他们可能想成为世界上最厉害的作家，或者想成为全世界跑得最快的长跑运动员……这些目标虽然宏大，但并非遥不可及。为了使他们能够更好地实现这些目标，我们应当帮助他们学会将大目标分解成小目标。

　　没有目标的孩子很难取得成功。然而，如果目标过大，孩子就会感到压力重重，甚至可能会因长期无法完成目标而产生懈怠心理，觉得自己没有成功的希望而放弃对目标的追求。因此，将大目标分解成具体的小目标是非常有必要的。

我们以一个想成为世界上最厉害的作家的孩子为例。我们可以帮助他将这个大目标分解成一系列小目标。比如,他可以设定每天写一篇日记、每周写一篇短篇小说、每月写一篇长篇小说的目标。通过这种方式,他可以逐步提高自己的写作能力,而且这些小目标的实现也会给他带来成功的喜悦,从而激发更大的动力去实现下一个目标。

同样,对于想成为全世界跑得最快的长跑运动员的孩子来说,我们也可以帮助他将大目标分解成具体的小目标。比如,他可以设定每天跑步的目标距离,每周参加一次跑步比赛的目标,每个月提高自己跑步速度的目标。这样,他就可以逐步提高自己的长跑能力,而且这些小目标的实现也会激励他努力去实现更大的目标。

在长跑界,有一位名叫山田本一的日本选手,他的故事完美地诠释了将大目标分解为小目标的智慧。在1984年的东京国际马拉松邀请赛中,他一鸣惊人地夺得了世界冠军。当被问及成功的秘诀时,他回答:"凭智慧战胜对手。"这个答案让许多人感到困惑,因为在他们看来,马拉松比赛主要是体力和耐力的较量,而山田本一却强调了智慧。

两年后,山田本一在意大利国际马拉松邀请赛上再次夺冠。面对记者的提问,他依然回答:"凭智慧战胜对手。"这一次,记者开始对他的"智慧"产生了浓厚的兴趣。

　　10年后，山田本一终于揭开了这个谜团。他在自传中分享了自己的经验："每次比赛前，我都会仔细查看比赛路线，并把沿途的标志物记在心中，如第一个标志是银行，第二个标志是一棵大树，第三个标志是一座红房子……这样一直标记到赛程的终点。比赛开始后，我会以百米冲刺的速度向第一个目标冲去，到达后迅速调整速度继续向下一个目标冲刺。通过将整个赛程分解成若干个小目标，我能够轻松地完成比赛。"

　　原来，山田本一所谓的"智慧"就是将大目标分解为小目标。通过专注于每个小目标并全力以赴地实现它们，他克服了疲惫，最终成为世界冠军。

　　这个故事不仅适用于长跑比赛，也适用于生活中的其他领域。无论我们追求的是什么，都要学会将大目标分解为小目标。通过逐步实现这些小目标，孩子就能够积累经验、增强信心，并最终实现他的梦想。

　　在心理学实验中，研究人员让3组实验对象分别向着10千米以外的3个村子出发。目的是观察不同情况下，人们如何应对目标导向的任务。

　　第一组实验对象没有得到任何关于村子的名字或路程的

具体信息，只是被告知要出发。结果，几千米后，他们开始抱怨。当路程过半时，有些人已经愤怒到极点，无法继续前进。显然，缺乏明确的目标和里程碑，使得他们无法保持动力和专注。

第二组实验对象被告知村子的名称和总路程，但路上没有设置里程碑。快到终点时，一些人开始情绪低落，因为他们无法确定自己的进度。由于没有里程碑来衡量他们的进展，他们很难保持动力。

第三组实验对象则完全不同。他们不仅被告知村子的名称和总路程，而且每千米都设有一个里程碑。他们清楚地知道自己走了多远，还剩下多少距离。最终，他们以饱满的热情到达了终点。里程碑的存在，使他们能够保持动力和专注，直到完成任务。

这个实验告诉我们一个重要的道理：在追求目标的过程中，不仅需要有一个明确的目标，而且要有一个个通往目标的里程碑。里程碑能够让我们清楚地知道自己的进度，从而更好地掌控自己的行动。当我们不断地把自己的行动与目标加以对照，并清楚地知道自己的行进速度和与目标之间的距离时，我们就能维持并加强动力，从而继续努力完成目标。

在我女儿学习使用筷子的过程中，我学到了一个宝贵的经验：

将大目标分解为小目标，并在过程中设立里程碑。

为了让女儿能够熟练地使用筷子，我并没有一开始就要求她掌握完美的技巧。相反，我分阶段地为她设立了小目标，从基本的握筷姿势到夹取小物品，每个阶段都有明确的要求。每当女儿完成一个小目标时，我都会给予她肯定和鼓励，这成为她继续前进的动力。

在这个过程中，我深刻体会到将大目标分解为小目标的好处。首先，小目标让女儿在每个阶段都能看到自己的进步，从而保持学习的热情。其次，通过逐步提高要求，女儿逐渐掌握了使用筷子的技巧，实现了最终目标。

让我们一起帮助孩子学会将大目标分解成小目标吧！这不仅能帮助他们更好地应对挑战，还能培养他们积极的心态和自信心。

让孩子成为独立的探索者

现实生活中，许多家长会将自己的愿望寄托在孩子身上，期望他们能完成自己未尽的梦想。

有一位名叫李霜的母亲，她与丈夫都是知名的教育工作者，因此对儿子的教育格外重视。李霜心中一直有个遗憾，那就是当年高考时未能进入心仪的清华大学，因此她对儿子小杰的期望特别高，希望他能够弥补自己的遗憾。

从小杰上小学的第一天起，李霜就不断地叮嘱他："一定要努力学习，将来一定要考上清华大学！"在这样的压力下，小杰的时间几乎被各科的学习填满。经过多年的努力，12岁的小杰以优异的成绩考入了一所重点中学。

进入中学后，小杰感到非常疲惫，他希望能够好好休息一下，做些自己喜欢的事情。然而，李霜却没有放松对儿子的要求。她认为儿子应该趁热打铁，进一步巩固好自己的基础。于是，她开始为小杰制订更加严格的学习计划，并为他准备了大量的学习资料。

一天，李霜发现小杰并没有按照她的要求去学习，而是坐在房间里发呆。她生气地对儿子说道："你不要以为考上了重点中学就万事大吉了，你要想在未来的竞争中脱颖而出，就必须更加努力。"

小杰解释道："妈妈，我觉得我需要休息一下，我已经很努力了……"但李霜打断了儿子的话："你这是不负责任的态度！你要为你自己的未来着想，你要为爸爸妈妈的期望着想！我们都是为了你好。"

小杰感到非常委屈和无助，他不知道该如何与母亲沟通。第二天，他离家出走了。李霜和丈夫四处寻找儿子，最终在某个公园的湖边找到了他。

经过这次事件，李霜开始反思自己的教育方式。她意识到自己对儿子的期望过高，给他带来了太大的压力。她开始调整自己的心态，不再过分强调儿子的学习成绩，而是更加关注儿子的兴趣和个性发展。她与儿子进行深入沟通，了解他的想法和需求，并尝试为他创造一个更加宽松和愉快的学习环境。

渐渐地，小杰的心态也发生了变化。他开始更加主动地学习，同时也有了更多的时间去发展自己的兴趣爱好。他的成绩依然优秀，但他不再是被压力和期望所束缚的孩子，而是一个充满活力和自信的少年。

很多家长不顾孩子的天赋和兴趣，强行安排他们的学习和成长路径，期待他们有朝一日能成为科学家、企业家或舞蹈家，以此来实现自己的心愿或弥补过去的遗憾。

然而，这种期望往往给孩子带来了巨大的压力。他们被要求按照家长的意愿去学习和生活，而忽视了自己的兴趣和需求。这种强加的压力可能会让他们感到迷茫和无助，甚至导致心理上的问题。

孩子再小也有自己的七情六欲，强迫他们去做不愿做的事情，就会使他们难受万分。作为家长，要多站在孩子的角度考虑，不要一味地强行让孩子按照我们设计的轨迹生活，更不要让孩子成为代替家长实现未尽理想的工具。否则，他们也会像自己的父母一样，在弥补家长遗憾的同时，给自己留下了遗憾，那他们的遗憾又有谁来弥补呢？

因此，我们千万不要为孩子的未来人生设计发展模式，不要让孩子做自己的"接力棒"，而是要让他们成为独立的探索者。每个人都有自己的理想和追求，孩子也不例外，我们应该努力为孩子打造一块自由驰骋的天地，而不是包办一切。

作为家长，我们应该尊重孩子的个性和兴趣，鼓励他们去探索和发展自己的潜能。我们应该根据他们的具体情况和兴趣，向他们提出建议，引导他们找到努力的方向。我们应该为孩子创造一个宽松、自由的学习环境，让他们能够自由地发挥自己的潜力和才华。我们应该相信孩子的智慧和判断力，相信他们能够做出正确的选择。如果我们一直对孩子的选择表示担忧或焦虑，那么这种情绪也会传递给孩子，使他们感到不安和迷茫。

最后，我们要祝福孩子，希望他们未来能够获得成功和幸福。我们应该给予孩子足够的爱和支持，让他们在成长的道路上充满信心和勇气。如果我们能够做到这些，那么孩子一定会成为我们期待中的十分美好的人。

第四章

培养良好心态：
激发孩子对目标的热情

鼓励孩子超越自我，突破内心限制

　　我们时常会这样发问：为何有些人能够成为成功者，有些人却只能过着平凡的生活？究其原因，比较重要的是每个人如何看待自己，如何挖掘和发挥自己的潜能。

　　研究显示，即使那些被公认为伟大的人物，也只运用了他们大脑能力的10%。这表明，每个人都有无限的潜力等待我们自己去开发。这种潜力的开发并不是一蹴而就的，它需要我们有坚定的信念和勇气去挑战自我。

　　爱迪生说过，如果我们能做出所有我们能做的事，那么一定会让自己大吃一惊。这告诉我们，不要低估自己的能力，不要给自己设限。作为家长，我们应该鼓励孩子勇敢地挑战自己，超越自我。只有这样，他们才能发现自己的潜能，实现自己的价值。

有一个著名的跳蚤实验，它揭示了一个有趣的现象。当把跳蚤放在一个玻璃杯里时，你会发现它能够轻松地跳出来，因为它的跳跃高度是其身高的数百倍。然而，当我们在杯子上放一个玻璃盖时，事情发生了变化。每次跳蚤跳起都会撞到盖子，经过多次尝试和失败，它开始根据盖子的高度来调节自己的跳跃高度。

3天后，拿开了盖子，跳蚤仍然在原来的高度跳，它已经习惯了自我设限。1周后，可怜的跳蚤仍然无法跳出杯子。

那么，跳蚤该如何打破这种自我设限呢？一个简单的方法是使用外力。比如，找一根金属小棒子突然敲击杯子，受到惊吓它便会跳得更高；或者用酒精灯在杯子底部加热，当跳蚤感到热得受不了的时候，就会猛地跳出来。

这个实验告诉我们，有时候我们的孩子可能会陷入自我设限的困境，但只要找到合适的方法，就有可能重新帮他们找回自由和活力。

在奥运会的辉煌历史中，无数英雄书写着传奇。有一位游泳选手，他的故事尤为引人注目。他就是世界游泳冠军摩拉里。摩拉里从小就怀揣着奥运冠军的梦想，期待着在奥运赛场上展现自己的才华。

1984年，在洛杉矶奥运会上，摩拉里在游泳项目中表现出色，但只获得了亚军。面对挫折，他并未放弃，反而更加坚定了夺取下一届奥运会金牌的决心。然而，命运似乎在与他开玩笑，1988年的奥运会预选赛中，他被淘汰了。

在人生的低谷期，摩拉里选择了读书，希望用另一种方式来平复内心的失落，但他对奥运的那份热爱与执着从未改变，只是深藏在心底。经过3年的沉淀，他决定重返泳坛，挑战1992年巴塞罗那奥运会。

这一次，舆论并不看好他。毕竟，在游泳这个需要极高身体素质的项目中，他已算是高龄，但他心中那份不屈的斗志重新燃烧起来，他坚信自己仍是一流的选手。他始终保持着积极的心态，刻苦训练，用心规划赛程。

比赛当天，他以出色的表现证明了自己的实力：他站上领奖台，颈上挂着那枚令人骄傲的金牌。那一刻，他付出的艰辛与努力都得到了回报。

摩拉里的故事告诉我们，无论遇到多大的挫折，只要我们不自我设限，始终保持那份对梦想的执着与热爱，终有一天会实现自己的目标。

有些家长可能会问：我的孩子似乎已经自我设限，如何帮助他们突破这个困境呢？就像跳蚤需要一个外在的刺激来跳出杯子一样，孩子也需要一个"金属棒"或"打火机"来帮助他们重拾信心。

这里有一个有效的自我激励法，可以帮助孩子在受挫后重新找回自信，激发他们的内在力量。首先，要引导孩子认真思考并回答："我最优良的品质是什么？"在这个过程中，孩子需要静下心来，客观地审视自己，不要急于评价。

其次，鼓励孩子将这些优点写下来，然后每天大声朗读。如果可能的话，让孩子在镜子前朗读，这样可以更好地帮助他们建立自信。重复朗读自己的优点，可以激发他们的热情。

最后，要永远相信这个激励法的有效性。家长和孩子都要坚信，只要内心认为自己具备优良品质，就能够突破自我设限，成功超越自我。

当我们努力引导孩子，通过一系列的练习去发现和超越自我时，就会慢慢发现他们在某个方面开始展现出超越众人的能力。这个过程，如同拂去尘埃，让他们原本具备的优秀品质和能力逐渐显现。

我们的孩子并不是生来就自我设限的，他们只是需要一些指导和鼓励，以唤醒内心深处的力量。我们作为家长，需要教会他们如何看待自己，以及如何相信自己。并且，我们还要让他们知道，他们比自己想象的要优秀得多，他们具备一流的能力。

作家海伦·凯勒看不见光亮、听不到声音，也说不出话来，但是她说："身体上的不自由终究是一种缺憾。我不敢说从没有怨天尤人或沮丧的时候，但我更明白这样做根本于事无补，因此我总要极力控制自己。"

一位生活在无声的黑暗中，幽闭在盲、聋、哑世界里的女性，终究在经过无数次斗争后走出了阴影，靠着一颗不屈不挠的心，在追逐成功的过程中创造了奇迹，更何况身体健全的我们呢？

作为家长，我们需要引导孩子像海伦·凯勒一样，勇敢地面对困难和挑战。不能让孩子因为觉得"不可能"就轻易放弃。我们应该鼓励他们去超越自我。只有通过不断地尝试和探索，突破内心的限制，我们的孩子才能真正了解自己的潜能。只有超越自我，他们才能真正地成长和进步。

集中注意力，不受外界干扰

　　有些孩子是完美主义者，他们事事追求完美。而当具体的目标设定过多，大事、要事与琐事交织在一起时，他们就会感到力不从心。

　　事实上，我们应该教孩子学会舍弃不重要的事情，集中精力去做好最重要的事情。这是一种明智的选择。只有这样，孩子才能集中注意力，专注于自己的目标，创造出属于自己的辉煌人生。

　　作家安德烈·摩瑞斯在《本周》杂志中提到："我们常常因一些微不足道的小事，一些本应忽视和忘却的小事而烦心。生命在这世上只有短短几十年，我们不应该为那些无法挽回的时间浪费精力。丢弃那些纠缠你的琐事，将精力集中在有价值的行动和感受上，去设定伟大的目标，去经历人生的风雨，去做你必须做的事情。"

孩子在成长过程中，除了需要按照时间表完成既定目标之外，还会遇到各类突发事情，有些甚至会让他们心烦意乱。因此，教他们集中精力专注于最重要的事至关重要。如果孩子不清楚这一点，他们就可能在小事上浪费大量精力，消耗大量时间，最终导致身心俱疲。

> 德国大诗人歌德花费了60多年的时间创作《浮士德》，其间，他面临了无数诱惑，但他始终专注于这部作品。《浮士德》就像他的灵魂伴侣，是他生命中不可或缺的一部分。他不断地抵制"第二个兴趣"的干扰，专注于"第一个"，即"唯一的"精粹、升华和超越。他不愿意让《浮士德》只停留在理性的毛坯阶段，也不愿意让自己的智慧只表现为半成品。因此，他竭尽全力地挖掘和重塑《浮士德》的形象。

歌德曾说："一个人不能骑两匹马，骑上这匹，就要丢掉那匹。聪明的人会把凡是分散精力的要求置之度外。"这句话深刻地揭示了一个人应该如何专注于自己的目标，不受外界其他干扰因素的影响。

对于孩子来说，兴趣的转移是难免的，但一旦他们明白了自己主攻方向的核心意义，就应该坚定地走下去，千万不要三心二意，浪费青春的大好时光。一个人要想不被小事所困扰，就需要适时转移自己的注意力，专注于更重要的事情。

因此，对于有明确目标的孩子，家长需要特别关注并培养他们的注意力。以下是5点建议，可帮助家长引导孩子保持良好的注意力。

① 明确行为的目的和任务是非常重要的

当孩子清楚自己为什么要做某件事情，以及每个步骤时，就会更专注于任务。家长可以与孩子一起制定目标，让他们了解每一步的目的，从而提高他们的自觉性和责任感。同时，家长也需要定期与孩子一起回顾目标执行的情况，帮助他们更好地理解自己的行动和目标之间的关系。

② 用责任心约束注意力

当孩子意识到自己的行为会产生影响时，就会更加专注于任务。家长可以通过讲解和示范，帮孩子理解他们的行为对自己和他人的影响，从而增强他们的责任感。

③ 培养兴趣是提升孩子注意力的有效方法

兴趣是注意力的源泉，当孩子对某一活动或领域产生兴趣时，他们会更加主动地投入时间和精力去学习、探索。为此，家长要观察孩子的兴趣之所在，为他们提供丰富的资源和机会去探索和培养兴趣。

4 迁移的方法可以帮助孩子培养注意力

当孩子在某项活动中表现出专注和耐心时，家长可以鼓励他们在其他活动中也运用同样的方法。这种迁移可以帮助孩子在不同场合都保持注意力。

5 适当的任务难度可以维持孩子的注意力

挑战和困难可以激发孩子的兴趣和动力，使他们更加专注于任务。家长可以根据孩子的实际情况，鼓励他们尝试一些更具挑战性的任务，从而提高他们的注意力和专注度。

以上5点，如果家长能够有效地理解并掌握，就能引导孩子更好地专注于最为紧急和重要的事，慢慢摆脱小事的困扰。如果孩子的注意力有限，那么应避免帮其设置过多的同一级别目标，而要聚焦核心目标，提高实现效率。

做事要有始有终，坚持到底

　　许多孩子在学习和生活中常常会半途而废，这样不仅影响他们的学习成果，还可能对他们的身心健康造成不良影响。

　　6岁的李阳，对钢琴产生了浓厚的兴趣。他每天都会在家中摆弄琴键，听着琴声陶醉其中。看着儿子如此热爱音乐，父母决定为他请一位钢琴老师。

　　刚开始的几个月，李阳每天都兴致勃勃地练习，琴声悠扬，进步明显。然而，随着时间的推移，他开始觉得练琴枯燥乏味，渐渐失去了兴趣。他开始找各种借口逃避练琴，从

"今天作业太多了"到"我想和小伙伴们出去玩"……

看到儿子如此表现，父母深知不能让他半途而废。于是，他们鼓励李阳，告诉他练琴需要耐心和坚持，只有持之以恒地练习，才能真正掌握技巧，弹出美妙的乐曲。

为了激发李阳的兴趣，父母也做了很多努力。他们为李阳买了一些音乐启蒙书，还带他去听音乐会，让他感受音乐的魅力。渐渐地，李阳重新找回了对钢琴的热爱。

在一次钢琴比赛中，李阳看到了一个年纪相仿的小朋友，他的琴技非常出色。李阳被深深震撼了，他发现了自己与对方的差距。于是，他下定决心更加努力地练琴。

现在，李阳已经8岁了。他的钢琴水平有了很大的提高，经常被老师夸赞。而这一切都离不开父母的悉心教导和他自己的努力坚持。

在生活中，我们经常会遇到像李阳这样想要半途而废的孩子。但只要给予他们足够的鼓励和支持，让他们明白坚持的重要性，他们就一定能够坚持到底，走向成功。

做事容易半途而废的孩子往往心理比较脆弱，意志力较差，情绪不够稳定，注意力不够集中。这种现象的形成与家庭教育密切相关。家长的言行、习惯会对孩子产生影响，如果家长做事经常有始无终，那么孩子就可能模仿家长的这种行为。此外，家长为孩子包办一切或对孩子要求过高，都可能导致孩子形成做事虎头蛇尾、有始无终的坏习惯。

德国诗人席勒说过："只有恒心可以使你达到目的。"没有恒心的人，无论能力有多大，都无法实现目标。因此，家长对于孩子半途而废的行为不要视而不见。我们应该鼓励孩子坚持到底，培养他们的毅力和恒心，让他们成为有始有终的人。

我上高中时，读到过一个故事，讲述了一个小职员如何在坚持中赢得成功。这个故事对我影响深远，当我成为母亲，面对女儿做事虎头蛇尾时，我选择把这个故事讲给她听。现在，我也想把这个故事分享给所有的家长，希望它也能对你们的孩子产生深远的影响。

在美国标准石油公司，有一位名叫阿基勃特的职员，他以认真和坚持的态度引起了公司总裁洛克菲勒的注意。无论是出差住旅店、填写表格，还是签署文件，阿基勃特都会在名字后面加上"每桶4美元的标准石油"。同事因此给他起了个外号"每桶4美元"，而他的真名反而逐渐被遗忘了。

阿基勃特的坚持使"每桶4美元"这个标签被客户和合作伙伴记住，并使他们更加信赖标准石油公司。当洛克菲勒得知这一情况后，他对阿基勃特的尽职尽责感到非常惊讶，并决定与他会面。最终，阿基勃特得到了与洛克菲勒共进晚餐的机会。

多年后，当洛克菲勒卸任时，阿基勃特被任命为标准石油公司的第二任董事长。他凭借自己的努力和坚持，从一个小职员一路晋升为公司最高领导。

这个故事告诉我们，坚持和努力是成功的关键。尽管在阿基勃特成功之前，有很多人曾嘲笑和质疑他的行为，甚至那些职位曾经高于他的人也不理解他的做法。但是阿基勃特凭借着顽强的毅力和不懈的努力，最终获得了成功。

成功的真谛不在于做大事，而在于坚持做好日常琐事。阿基勃特作为一个小职员，通过在签名后标注"每桶4美元的标准石油"，展示了他的专注和毅力。这种从细节入手，把简单事情重复做到底的态度，才是通往成功的关键。

在日常生活中，我们不难发现许多孩子乃至成人做事都难以持之以恒。这种情况的形成并非偶然，其背后涉及多方面的因素。而为了培养孩子做事的持久性，我们可以从以下5个方面进行引导。

1 要以身作则，成为孩子的表率

作为孩子的第一任老师，家长的行为和态度对孩子的成长有着深远的影响。因此，家长必须以身作则，无论做什么事情，都要认真且有始有终地完成，成为孩子的表率。如果家长做事缺乏恒心和毅力，那么孩子很可能会模仿家长的这种行为，从而做事也容易半途而废。

2 利用孩子的兴趣和爱好来培养他们的坚持力

如果孩子喜欢种植花草，我们可以与他们一起培育植物，让他们观察植物的生长过程，了解植物开花结果每个必经阶段的特点及变化。通过这种方式，我们可以使孩子明白，无论做什么事情，都必须经过一定的过程，不能急于求成。

3 要给予孩子适当的监督和指导

监督可以促使孩子克服惰性；在孩子遇到困难时给予指导，可以帮助他们克服沮丧和颓废的情绪。通过长期的监督和指导，孩子的各项能力将得到提高，从而养成做事坚持到底的习惯。

4 鼓励是孩子坚持下去的动力

在孩子遇到困难或想要放弃时，家长要坚持鼓励为主的原则，切忌过分批评或讽刺孩子，以免伤害他们的自尊心。鼓励可以帮助孩子重新树立信心，激发他们的积极性，从而促使他们继续努力并持之以恒地完成任务。

在培养孩子做事持久性时，需细心观察孩子，及时发现并帮助他们解决困难。对于孩子的点滴进步，应给予充分的鼓励和表扬，如"你坚持了很久，真不错"或"你做得很好，继续努力"。

5 重视对孩子意志品质的培养

居里夫人曾说："人要有毅力，否则一事无成。"毅力是成功的关键，因此，家长应从小培养孩子的毅力品质。

放下压力，让孩子轻装上阵

在为孩子有目标、有追求而感到欣慰的同时，家长也可能会因孩子在追求目标过程中产生的压力而感到困扰。实际上，孩子的压力主要来源于两个方面：他们自身的期望和外界对他们的期望。

一方面，对于孩子而言，他们可能会因为对自己的目标期望过高而感到焦虑。他们迫切地希望自己能够超越竞争对手，但当自己快要被竞争对手反超时，他们就会产生一种危机感，担心自己被人赶上，从而产生压力。另外，如果孩子在实现目标的过程中遇到挫折，如成绩或其他方面出现退步，就会因无力感和挫败感而产生巨大的心理压力。

另一方面，家长和外界对孩子的期望也会给孩子带来压力。许多家长都希望自己的孩子能够出类拔萃，这种过高的期望会使孩子长期处于焦虑状态，担心自己无法满足家长的期望。同时，如果孩子在某个领域有所擅长，如运动、音乐、美术等，就可能会因参加比赛而感到有压力，担心自己无法完成既定的目标。

适当的压力确实可以激发孩子的动力和潜力，但过重的压力会对孩子产生不良影响。许多家长可能因没有意识到这一点，导致孩子在成长过程中承受了过多的压力。

过重的压力会使孩子对学习或某些活动产生厌恶感，甚至想要放弃。他们可能会怀疑自己的能力和价值，认为自己不够好或不应该成功。这种自我怀疑会导致孩子自暴自弃，失去信心和动力。

此外，过重的压力还会影响孩子的身心健康。他们可能会出现神经性头痛、肠胃功能紊乱、睡眠障碍等问题。

因此，家长应该关注孩子的心理负担，帮助他们调整心态，轻装上阵，更好地面对挑战和压力。对此，教育专家卡尔·威特有自己的方法，我们来看看他是如何缓解儿子的心理压力的。

卡尔的儿子小卡尔，自小身体虚弱。为了使他健康成长，卡尔经常鼓励他参加体育运动。小卡尔在其他方面表现得都很出色，但在射箭这个项目上遭遇了巨大的困扰。

在卡尔为小卡尔和他的小伙伴们组织的一次射箭比赛

中，小卡尔的表现令人大跌眼镜。尽管大部分孩子是第一次抓起弓箭，但其中几个人射得非常准，甚至超越了卡尔的射箭成绩。小卡尔的射箭成绩简直糟糕透顶，他笨拙地试图将箭射向靶心，却因为力度掌握不当，一次次偏离目标。

这样的表现使小卡尔感到十分沮丧，他平时是一个非常好强的孩子，此刻却因自己的落后而倍感尴尬。他看着其他孩子兴高采烈地击中目标，心中的失落感更加强烈。

卡尔看出了儿子的不安，走到他身边关切地询问："孩子，你为什么这么失落？是不是因为自己的成绩不理想？"

小卡尔坦诚地回答："是的，爸爸。我觉得我很笨。"卡尔语重心长地告诉他："每个人都有自己的长处和短处，这很正常。我也看到了你现在射箭的成绩不如其他孩子，但我相信只要你勤加练习，一定能够掌握射箭的诀窍。"

然而，小卡尔仍然意志消沉："可是我已经尝试了很多次了，每次都不如意。我想我是无法超越他们的。"卡尔问："你害怕失败吗？害怕因自己的成绩差而被嘲笑吗？"

小卡尔点点头："是的，我越害怕失败，就越射不中靶心。每当我拿起弓箭时，我就感到害怕。"

卡尔找到了问题的关键所在："孩子，我认为你射不准靶心，并不是因为你技术不够好，而是你的心态还没有调整好。你在其他方面都很优秀，但在射箭上遭遇失败后，你的心态就发生了变化，产生了压力。这就是你射不好的原因。"

　　小卡尔惊讶地问："你怎么知道我心里是怎么想的？是的，我确实害怕失败和被嘲笑。"卡尔安慰他："孩子，这只是一场游戏，输赢并不重要。只要你放下对结果的执着，就能享受游戏的乐趣。"

　　听完父亲的建议，小卡尔深吸了一口气。当重新回到赛场上时，他感到阳光更加明媚。他鼓起勇气瞄准靶心，稳稳地射出了3支箭，每支都正中靶心。

　　卡尔真是一位出色的教育家。当他的儿子小卡尔面临压力时，卡尔首先选择与儿子共情，真正理解他的困扰和焦虑。他不仅告诉儿子每个人都有自己的长处和短处，更是深入儿子的内心，找到了他射不好箭的真正原因。

　　卡尔明白，小卡尔的失败和焦虑并非源自技术上的不足，而是源自他内心的压力。这种压力的产生，正是由于小卡尔太过于关注结果，太渴望成功，太害怕失败。卡尔用平易近人的话语，引导小卡尔将这场射箭比赛视为一场游戏，让他明白输赢并不重要，重要的是享受过程。

　　这样的建议，无疑为小卡尔营造了一个轻松的氛围，帮助他摆脱了对失败的恐惧。在这样轻松的氛围中，小卡尔的心境变得平静和放松，他的射箭技艺也因此得到了释放。

孩子既单纯又敏感，他们往往对自己有着极高的期望，一旦遭遇挫折或失败，很容易陷入深深的自责和沮丧中。这种消极的情绪，会像阴影一样笼罩在孩子的心头，使他们难以自拔。因此，当孩子在面临困难或失败时，作为家长，我们需要以正确的方法和理解的态度去对待他们。

帮助孩子找回自信，是每一位家长应尽的责任。我们要让孩子明白，失败并不可怕，每个人都要学会面对它。我们要告诉孩子，胜利不是生活的常态，失败也同样不是绝路，关键在于我们如何去看待和处理这些问题。

当孩子面临过度的目标压力，产生沉重的心理负担时，我们可以采取以下措施来帮助他们缓解。

1 蹲下来，耐心倾听孩子的心声

当发现孩子有压力时，我们应该及时与他们沟通，了解他们的困扰和焦虑。只有认真倾听，我们才能找到问题的根源，从而有针对性地给予孩子帮助。

2 与孩子一起分析压力的来源

无论是学习上的困难、人际关系的困扰，还是来自家长的过高的期望，我们都需要与孩子一起探讨问题的本质，找出解决的方法。这样可以帮助孩子更好地理解和处理问题，减轻他们的压力。

3 注意自己的言行，不给孩子不必要的压力

　　我们应该根据孩子的实际情况，和他们一起制定合适的目标，而不是盲目地将他们与其他孩子比较。同时，我们也要关注孩子的心理健康，通过各种活动帮助他们释放压力，如户外运动、游戏等。

4 关注孩子的情绪变化，及时发现并解决其心理问题

　　只有这样，我们才能真正帮助孩子走出困境，使他们在成长的道路上更加自信、坚定且快乐。

鼓励孩子积极探索和尝试

　　有些孩子从小就喜欢幻想，怀揣着各种奇特的梦想。他们乐于沉浸在自己的想象中，享受着奇思妙想的乐趣，同时也愿意大胆尝试，去实现自己的想法。对于这样的孩子，如果家长能够进行正确的引导和支持，那么他们的人生目标就有机会因一次不经意的遐想、一次勇敢的尝试而成为现实。

　　想象一下，一颗璀璨的星星挂在天空中，在黑夜中闪烁，那么美丽而又遥不可及。许多孩子都有过摘星星的梦想，但是，是否每个家长都能像莱特的父亲那样，从小就激发孩子的探索欲，并长期不懈地给予孩子支持和鼓励呢？

　　莱特兄弟就是这样两个幸运的孩子。他们从小就有好奇心和想象力。一次，两人在一棵大树下玩耍，无意间看见月光透下的影子在树梢间斑驳闪烁，感到十分好奇。两人便决定爬上那棵大树一探究竟。然而，他们没能爬到一半就摔了下来，还磕破了膝盖。

　　父亲知道他们的想法后，并没有责备他们，而是边给他们擦拭伤口边赞扬道："你们想爬上大树看月亮的想法没有错，可是月亮距我们很远，不是仅仅在树梢上那么高，我希望你们将来制作出一种有神奇威力的大鸟，骑着它到天上去摘月亮。"

　　莱特兄弟听了父亲的话，感觉十分受鼓舞。此后，他们开始努力实现梦想，不断地设计那种能到天上摘月亮的"神鸟"，父亲也一直不停地鼓励、赞扬他们。在父亲的引导和鼓励下，他们怀着极大的兴趣投入探索和学习中去。经过无数次的尝试和改进，他们终于成功地造出了世界上第一架飞机。

　　这个故事告诉我们，家长要关注孩子的好奇心和想象力，把握住孩子稍纵即逝的兴趣点。通过持续的鼓励和赞扬，激发孩子的创造力和探索精神。只有这样，孩子才能够在未来的道路上勇敢地追求自己的梦想，并取得巨大的成功。

有一位年轻的母亲在厨房中准备晚饭时，她的儿子正在院子里独自玩耍。当母亲喊儿子进屋吃晚饭的时候，她才发现儿子一个人在院子里玩得很快乐，因为在厨房中就能听到从院子里传来的"咚咚咚"的声音。

母亲好奇地问儿子："亲爱的，你在做什么呢？"

儿子一边开心地进行着自己的游戏，一边大声回答母亲："我正在努力跳到月亮上面。"

母亲并没有觉得孩子的这个想法是异想天开，而是温柔地对儿子说："孩子，那真是一个不错的想法。不过，你一定要记得回来吃晚饭啊！"

儿子在母亲的鼓励和支持下，最终获得了成功。他就是第一个登上月球并在月球上行走的人——尼尔·奥尔登·阿姆斯特朗。

这位母亲的肯定和赞许激发了孩子的创造力和想象力。这种教育方式让孩子感到被尊重和被认可，从而更加自信和勇敢地去追求自己的梦想。

除了这位母亲之外，还有一位母亲也给予了自己的孩子充分的鼓励和支持。

有一天，本杰明的母亲因事需要外出。母亲交代本杰明要照顾好年幼的妹妹时，本杰明爽快地答应了。然而，自从母亲走后，妹妹一直处于熟睡之中，百无聊赖的本杰明不经意间在墙角发现了几瓶彩色的墨水。在好奇心的驱使下，他打开了墨水瓶子，并且用墨水在地板上画起熟睡妹妹的肖像来。

可想而知，当母亲回到家的时候，看到的是满屋子的墨水污渍。但母亲并没有责怪本杰明，因为她一眼就看到了本杰明画在地板上的那幅妹妹的肖像画。母亲惊讶地说："天啊，本杰明，你画的这个人竟然是妹妹莎莉。"

母亲慢慢地蹲了下来，朝着儿子的额头吻了上去。母亲的鼓励让本杰明开始展露出他的绘画天赋。当成为一个著名的画家时，本杰明骄傲地对他人说："是母亲的亲吻，才让我成了一个真正的画家。"

从以上3个案例中人物的成才过程，我们看到了鼓励的巨大作用。如果尼尔·阿姆斯特朗的母亲嘲笑他想跳到月亮上的奇思怪想，如果本杰明的母亲看到满屋子的脏乱不堪责骂他的淘气、可恶，那么，这两个后来有所作为的人将会有怎样的命运呢？

孩子希望得到他人的赞扬和承认，特别是希望得到家长的认可，但令人遗憾的是，在现实生活中，许多家长往往不善于赞美这一从根本上激励孩子进步的有效手段，他们更关心怎样"对付"孩子的不"规范"行为。造成这种现象的主要原因是家长以成人的标准来衡量孩子。有的家长不愿称赞孩子，认为赞美孩子会让孩子骄傲。其实，如果家长肯定和称赞孩子，那么孩子进步的速度是惊人的。

对于充满想象力的孩子，我们的首要任务是给予鼓励。只要他们的想法是积极的、向上的，我们都应该给予支持，助力他们一步步走向成功。

鼓励是孩子成长的重要推动力。它能帮助孩子建立信心，让他们相信自己的能力和价值。当孩子遇到困难时，我们要鼓励他们克服困难，勇敢地追求自己的梦想；在孩子遇到挫折时，我们要鼓励他们坚持不懈，相信自己的能力。

作为家长，我们要尊重孩子的梦想和目标，并给予他们支持和鼓励。不要轻易否定孩子的想法，而要引导他们思考如何实现梦想。只有这样，孩子才能拥有属于自己的精彩人生。

让我们一起鼓励孩子，使他们勇敢地追求梦想，在成长的道路上积极探索和尝试，成为自己想成为的人。

第五章 | **行动起来：**
引导孩子全力以赴奔向目标

克服弱点，以勇气征服梦想之路

在人生的旅途中，每个人都会面临各种挑战，而最大的挑战往往来自我们自己。正如一位哲人所说："人最难战胜的是自己。"一个人的弱点，往往就是他前进道路上的绊脚石，只有勇敢地克服弱点，才能真正地超越自己，实现目标。

对于孩子来说，他们的人生旅途刚刚开始，但他们早早便会面临挑战。有些孩子想养成早到教室的习惯，就设定了在新学期里始终第一个到教室的目标。最初，他们坚持得很好，这不仅使他们有了晨读的机会，还培养了他们的自律性。然而，随着时间的推移，部分同学的讽刺开始动摇他们的决心。起初，他们还能坚定自己的信念。但随着质疑声越来越多，他们开始犹豫，甚至故意迟到。当不再遭人质疑时，他们似乎感到了"安全"，只是他们放弃了自己的目标。

在学习上，有些孩子害怕创新，害怕犯错误。他们习惯旧有的学习模式，不敢尝试新的方法或思路。比如，我的女儿在学习国画时，总是习惯于使用某一种技法，并反复使用。然而，随着学习的深入，这种单一的技法已经无法满足更高的绘画要求。但我女儿因为习惯了这种技法，迟迟不肯做出改变。在省级国画比赛中，当那些敢于创新的孩子得到了更多的肯定时，我女儿才意识到，只有走出舒适区，勇于克服自己的弱点，才能取得更大的进步。

此外，还有一些孩子缺乏耐心。他们总是希望一步到位，一遇到困难或挫折就轻言放弃。这样的心态使得他们在追逐目标时常常半途而废。

由此可见，如果孩子不能克服自己的弱点，不能从失败中吸取教训并反省自己，那么他们在未来的成长道路上就很难有所突破。久而久之，面对新事物和新环境时，这些孩子可能会因故步自封而感到无所适从。

作为家长，我们必须时刻鼓励孩子勇敢地面对和克服自己的弱点，只有这样才能真正获得成长和进步。

下面5种方法也许能帮助到家长。

1 鼓励孩子大胆尝试新方法、生出新念头

在孩子成长的道路上，作为家长，我们要鼓励他们勇于尝试新方法、生出新念头，而不是被传统思维或他人的质疑所束缚。

诚然，我们身边随时随地都会出现一些"饱经风霜"的长辈，他们总是以自己的经验为依据，告诫我们不要做这个、不要做那个。在他们眼中，似乎每一种新的想法都充满了风险和不确定性。然而，我们必须认识到，每个人的潜力都是未知的，尤其是在他们怀有激情和理想时。

在追求任何目标时，最重要的就是坚定信念，不受外界质疑的影响。事实上，生活中总有那么一些人，他们喜欢唱反调，以显示自己的与众不同。但是，作为家长，我们要鼓励孩子坚定自己的立场，相信自己的能力，勇敢地追求自己的理想。

作为家长，我们还要成为孩子成长道路上的引路人，不能放任他们随波逐流。我们要鼓励孩子敢于尝试、敢于创新，而不是活在他人的阴影下。只有这样，孩子才能真正地成长和独立。

2 教会孩子分解任务

不积跬步，无以至千里。当孩子刚开始做一件事时，我们应该帮助他们不被整个任务所压倒，要让他们集中注意力，先完成第一步。

一个经验丰富的滑雪教练带领新手学员到陡坡上滑雪。为了帮助学员克服畏难情绪，他建议学员不要将整个滑雪过程看作是从山

顶滑到山下，而是将其分解为一个个小的步骤，先集中精力滑到第一个拐弯处，然后再考虑下一个拐弯。这样做的好处是让学员能够将注意力集中在当前能够做到的第一件事情上，而不是那些遥不可及的大目标。

我们在前面的章节中也反复提及这一点。只有通过逐步完成小目标，孩子的信心才会逐渐增强。

❸ 别让"不要"毁掉孩子

作为家长，我们要时刻关注孩子的思维方式和言行举止。当我们发现孩子经常使用"不要"这个词时，要意识到这是一个消极的暗示，因为这会使孩子的大脑中产生负面的图像和反应。

斯坦福大学的一项研究表明，大脑中的图像会像实际情况一样刺激人的神经系统。所以，当孩子告诫自己"不要做某事"时，他们的大脑中往往会浮现出不好的情景，从而导致他们更有可能做出相反的行为。

美国知名作家马丁·科尔指出，对于实现梦想，真正有影响的是我们自己的观点。其他人的消极想法只是反映了他们自身的局限性，而不是我们的。当梦想与我们的目标一致，能够激发我们的热情，促使我们去行动时，这个梦想就不是不现实的。相反，如果我们没有这种动力和信念，那就是不现实的。

因此，作为家长，我们要留意孩子的思维方式，如果发现他们经常使用"不要"这个词，就要及时引导他们将注意力集中在他们希望发生的事情上。这样可以帮助孩子建立积极的心态，从而更好地面对未来的挑战。

4 寻找适合自己的方法

通过观察那些目标感极强的孩子，我们不难发现他们通常具有独特的思维方式和不受传统观念束缚的个性。这些孩子不满足于遵循常规方法，而是勇于探索，寻找适合自己的方法。

我观察过弟弟家的孩子，他在做游戏或做数学题时总能想出别出心裁的玩法或算法，使枯燥的事情变得有趣，由此他在同学和朋友中成为核心人物。

那些找到了适合自己的方法的孩子，他们在做事时更容易获得成就感，内在驱动力也更强大。他们更愿意积极地去实现自己设定的目标，因为这符合他们的个性和思维方式。

5 为最坏情况做足准备

当孩子面临挑战时，家长可以引导他们思考可能发生的最坏情况，并鼓励他们勇敢地面对。这样，孩子就能学会处理挫折和失败，并从中吸取经验与教训。

比如，当孩子想要尝试走一条风景更好的山路时，家长可以与孩子一起分析可能遇到的最坏情况，如路不通或者遇到泥石流等危险情况。然后，家长可以鼓励孩子勇敢地尝试，并提醒他们做好应对最坏情况的准备。

在尝试的过程中，孩子可能会遇到困难和挑战，但这些经历会让他们更加坚强和勇敢。如果尝试成功，孩子会收获成功的喜悦；如果尝试失败，孩子也可以从中学习到宝贵的经验与教训。

目标在前，全力以赴不止步

当孩子选定目标时，家长需要引导他们明白，既然设定了目标，就要对它负责到底，并且激发他们为达成目标而努力的决心和斗志。如果孩子的目标是运动方面的，可以引导他们以优秀运动员为榜样，学习对方的体育精神和训练方法；如果孩子的目标是学习方面的，可以创造机会让孩子接触优秀的人和事，以激发他们的学习热情。

美国有一位橄榄球教练，他带领的橄榄球队创造了令人惊叹的成绩。在每次比赛前，他都会告诉队员们："胜利是我们的唯一目标。只有将目标定在胜利，比赛才有意义。无论是在球场上、工作中还是思想上，一切都要以胜利为目标。"

他强调："比赛就是要全力以赴，不顾一切。不需要顾虑任何事、任何人，只有胜利。在接近得分线的时候，更要全力冲刺，没有任何东西可以阻挡你。"

正是这种坚定的意志和强烈的信心，使他带领的橄榄球队一次又一次地取得胜利。队员们心中只有胜利，为了胜利，他们果断行动，不抱怨、不畏惧、不退缩，不找任何借口。

因此，为使孩子的目标顺利达成，我们就必须努力消除借口对孩子的消极影响，并且设法引导孩子进一步增强信念。以下4个方面的建议，供大家参考。

1 教孩子离开"梦幻岛"

在追求目标的过程中，行动是至关重要的。只有通过行动，才能将梦想变为现实。如果迟迟不去行动，目标可能永远不会有任何进展。

经过长期对体重过重的人进行咨询，成功学家皮鲁克斯得出这样一个结论：许多肥胖的人会以肥胖为理由，拒绝做某些事。他们总是把希望寄托在未来，认为等到某个时候，一切都会变得不同。他们像是住在一个神秘的地方，这个地方叫作"梦幻岛"。在这个岛上，每件事似乎都可能发生，但没有任何事情会真的实现，因为他们永远都到不了这个地方。

作为家长，我们不能让自己的孩子停留在"梦幻岛"上。我们需要引导孩子意识到，只有通过实际行动，才能实现自己的梦想。我们应该鼓励孩子勇于尝试，并告诫他们，只有敢于抓住每一个机会，才能增加获得成功的可能性。

行动是打击焦虑的最佳妙方。行动派从来就不知道烦恼为何物。他们坚信只要付出努力，就一定能够取得成功。即使失败了，他们也不会放弃，而是继续努力前行。相反，那些只是空谈而不去行动的人，最终只会留下无尽的遗憾和悔恨。

2 教孩子将对目标的怀疑转化为可能性

在追求目标的过程中，孩子可能会对自己的能力产生怀疑，这是很正常的。但是，我们需要引导孩子将注意力集中在可能性上，以克服消极的想法。孩子的目标应该设定得稍高一些，而不仅仅是达到平均水平。当孩子开始产生自我怀疑时，我们应该及时引导他们将这些想法转化为积极的对话。

比如，当孩子对自己的目标产生怀疑时，我们可以鼓励他们这样思考："我知道我的目标是可以通过努力实现的，因为其他人已经做到了。我下定决心要实现它，并愿意为此付出一切必要的努力。"这样的思维方式可以帮助孩子摆脱消极情绪，激发他们的积极性。

通过思维方式的转变，孩子可以重新认识自己的能力和可能性。他们会感到充满力量，愿意勇敢地追求自己的目标。这种思维方式不仅可以帮助孩子克服自我怀疑，还可以激发他们的创造力和行动力，让他们在追求目标的道路上变得更加坚定和自信。

3 让孩子做自己命运的"驯兽人"

除了懒惰之外，孩子面对目标而犹豫的原因还有恐惧。因为确立新的目标意味着他们要打破原来熟悉的学习与成长模式，所以他们自然会对这一改变做出本能的反应——恐惧。

恐惧的产生会让孩子意识到他们需要应付或逃避的具体情境或原因，如黑暗、不确定性、复杂的社交关系、高难度的技术掌控……但正是因为如此，我们才更应该找到孩子恐惧的根源，从而帮他们建立自信。

在那个夜晚，马戏团的驯兽表演如常进行。驯兽师熟练地引领着威猛的老虎，一切看似平静而和谐。然而，意外总是突如其来。在表演中，现场意外地陷入了一片黑暗。观众的心提到了嗓子眼，都在担心着驯兽师的安全。

在这片黑暗中，老虎的眼睛闪烁着危险的光芒。而驯兽师仅有一根鞭子和一把椅子。每个人都在心中默默祈祷，希望驯兽师能够安全渡过这一难关。

然而，令所有人惊讶的是，当灯光再次亮起时，驯兽师竟然安然无恙地坐在铁笼里。他平静地完成了后续的表演，仿佛什么都没有发生过。

演出结束后，有人好奇地问驯兽师："在停电的时候，你难道不担心老虎会攻击你吗？"驯兽师淡然一笑，道出了他的智慧："是的，我确实很害怕。但我很快意识到，尽管我看不到老虎，老虎却并不知道这一点。所以，我像平时训练时那样，不时地挥动鞭子、吆喝几声，就当什么事也没有发生。这样，我就能稳住老虎，直到灯光恢复。"

在追求目标的过程中，孩子可能会遇到阻碍，就像"黑暗中的老虎"。此时，我们应鼓励孩子勇敢面对，像驯兽师一样保持冷静。只有这样，孩子才能真正稳住心态，一步步向目标迈进。

④ 教孩子在脑海中描绘成功后的画面

引导孩子想象目标达成的那一刻，提前感受实现梦想的喜悦和成就感。这种想象能够激发他们的热情和动力，使他们更加坚定地追求目标。

当孩子在想象中一遍遍地经历成功时，他们的信心和决心就会逐渐增强，他们会看到成功的曙光。这种似曾相识的感觉会让他们更加确定自己的目标，并且全力以赴。

跌倒后站起来，迎接新的挑战

　　在我女儿读幼儿园大班时，我的同事赠予了她一辆儿童自行车，附带两个辅助轮。然而，其中一个辅助轮在她几次骑行后失灵了。考虑到我女儿已经长大，我决定请修车师傅移除辅助轮，让她独自骑行。

　　初次尝试没有辅助轮的骑行，女儿显得力不从心，经常失去平衡。我担心她的安全，便跟在她的车后，随时准备扶稳。每当她摇摇欲坠时，我便迅速抓住车尾，帮助她保持平衡。然而，几个小时过去了，女儿仍然无法独立骑行，我心中的焦虑倍增。

　　这时，一位路过的阿姨见状，给出了建议："你不能总是帮她，她需要自己摸索。跌倒几次，她自然就会了。"虽然这话让我有些担忧，但理智告诉我她说得很对。

于是，我放手让女儿自己尝试。大约半小时后，女儿兴奋地骑到我面前，激动地说："妈妈，我学会了骑车！我只摔了两次！"虽然她的骑行动作还很生疏，但这的确是个美好的开始。接下来的两周，她开始学习刹车的技巧，以及如何拐弯和调整速度等。

在这个过程中，她摔倒了很多次，但她从不哭诉，因为她明白这是学车的必经之路。看到女儿的坚韧和成长，我感动得流下了眼泪。

人生就像学骑自行车一样，难免磕磕碰碰，每个人终将独立面对生活中的困难和挑战。当孩子在成长的过程中遇到挫折时，我们要鼓励他们勇敢地面对，而不是逃避。只有这样，他们才能真正学会坚强。

让我们来看看这样一则小寓言。

在一片郁郁葱葱的树林里，狐狸正悠闲地散步。突然，一头矫健的小狮子从它身边飞驰而过。狐狸吃了一惊，急忙喊道："小狮子，你这么着急要去哪儿？"

小狮子停下脚步，扭头回答："狐狸伯伯，您好。我只是在练习跑步。"

狐狸好奇地问："我两个月前去你家时，你才刚学会走路，怎么现在跑得这么好了？”

小狮子微笑着回答：“我们狮子家族有个传统，就是跌倒了爬起来，再跌倒再爬起来。只有不怕困难，持之以恒地努力，才能不断成长。”

说完，小狮子向狐狸道别，再次踏上了奔跑的道路。

这则寓言告诉我们，即使遭遇了挫折和失败，也要有勇气重新站起来，继续前行。这种跌倒后爬起来，迎难而上的精神，是成就伟大事业的重要品格。

事实上，一个人的品格和意志力如何，往往在失败之后才得到最好的体现。真正的勇士，在面对挫折时，不是选择放弃或心灰意冷，而是将其视为新的起点和挑战。他们从中获取智慧和力量，激发更强的决断力，克服重重障碍，直至达成目标。

爱迪生曾说：“伟大高贵人物最明显的标志，就是他坚强的意志。”无论环境如何变化，这些人始终坚守初衷与希望，不畏艰难险阻，坚定地向成功迈进。

当面临困境时，要有跌倒了再爬起来的智慧和勇气。勇敢地面对失败，从中不断获得成长和进步的动力。只有这样，我们才能在成功的道路上越走越远，从而实现自己的目标和梦想。

有一个年轻人，从小就怀揣着做赛车手的梦想。他经过多年的刻苦训练，终于获得了参加正式赛车比赛的资格。赛程过半，他名列第三，成绩喜人，冠军似乎近在咫尺。

然而，就在胜利即将到来的时刻，前方的两辆赛车突然失控相撞。年轻人试图躲避，但由于车速过快，他的赛车撞上了车道旁的墙壁后起火了。

年轻人被严重烧伤。医生告诉他，以后他再也不能赛车了。这个消息对他无疑是一个沉重的打击，但他并没有因此而绝望。

他下定决心，不论付出何种代价，都要实现心中的梦想。为了恢复皮肤，他接受了多次植皮手术。为了使手指恢复灵活性，他不顾疼痛，坚持进行抓放物体练习。

第一次手术后，他感觉自己的身体正在逐渐恢复。这让他更加坚信，终有一天他会重返赛场。出院后，他回到农场，更加努力地练习车技。

9个月后，年轻人以全新的姿态重返赛场。观众为他的坚强而欢呼喝彩。尽管在某次公益比赛中因机械故障未能获得胜利，但在另一次比赛中，他取得了第二名的好成绩。

又过了2个月，他又一次站在了赛场上。这次，他终于赢得了冠军。面对观众的热情欢呼和媒体的采访，他感慨万千。

当被问及是什么力量让他重新振作时，他微笑着展示了一张印有赛车飞驰图案的照片。他将照片翻到背面，上面写着："把失败写在背面，我相信自己一定可以成功！"那刚劲有力的笔迹，正如年轻而坚韧的他。

在遭遇事故后，这位年轻的赛车手并未被困境击垮。他勇敢地面对生理和心理的挑战，将伤病视为前进的动力，不断努力追求自己的梦想。尽管过程充满艰辛，但他始终坚持不懈，最终取得了成功。让我们也引导孩子将失败视为成长的垫脚石，用积极的心态迎接未来的挑战吧。

继续走好下一段路

有位著名教育家说过，新时代的教育不应只关注孩子起跑线的胜利，还应该引导他们不断超越既有的成绩，继续走好下一段路。教育的真谛不在于一时的成绩，而在于孩子通过自己的努力，不断超越自己，不断探索未知的世界。

只有这样，当回首过去时，他们才会为自己的成长和努力感到自豪。只有这样，他们才能真正地理解这句话："生活不在于拥有，而在于追求。"关于这一点，我们来看看西华·莱德是如何不断走好他的下一段路的。

　　西华·莱德是英国一位备受尊敬的作家和战地记者，他曾于1957年4月在《读者文摘》上发表了一篇有关生活哲理的文章，其中提到了一个深邃的观点：他所收到的最好的忠告是"继续走好下一段路"。这个忠告是他个人经验的总结，是他对于如何面对困难和挑战的独特见解。

　　在第二次世界大战期间，西华·莱德和几个同伴被迫从一架破损的运输机上跳伞逃生，降落在缅印交界处的茂密森林中。面对困境，他们没有选择坐以待毙，而是决定自行前往印度，全程长达140英里。在酷热和暴雨的双重侵袭下，他们拖着沉重的步伐，一瘸一拐地前进。这是一场对意志和耐力的严峻考验，是对"继续走好下一段路"的生动诠释。

　　在创作一本15万字的著作的过程中，西华·莱德也面临了巨大的挑战。他一度无法专心写作，几乎要放弃他引以为傲的教授的尊严。他最终记住了"继续走好下一段路"的忠告，将注意力集中于撰写下一个段落，而非下一页或下一章。这种分段式的写作方法帮助他克服了困境，最终完成了这部作品。

　　此外，西华·莱德在接受一项每天写一个广播剧本的任务时，也没有被庞大的工作量所吓倒。他通过一次只写一个剧本的方式，积累了2000个剧本的成果。这种日积月累，正是"继续走好下一段路"这一理念的又一例证。

西华·莱德的故事表明，"继续走好下一段路"是重要的生活哲学。无论面对的是艰难的困境，还是琐碎的日常任务，我们都应该秉持这一信念，一步步地前行。当我们专注于接下来的"一段路"时，我们便能战胜困扰和挫败感，走向更远的地方。

钢琴家郎朗也分享过类似的经验。他日复一日地坚持，以继续练好下一首曲子为目标，获得了辉煌的成就。他强调了坚持和执着的重要性，与西华·莱德的"继续走好下一段路"的信念不谋而合。

"继续走好下一段路"不仅是一种行动指南，更是一种积极的人生态度。它提醒我们，无论目标多么遥远或多么困难重重，只要我们坚定地迈出每一步，终将实现我们的梦想。

伟大的运动员之所以伟大，是因为他们付出了无数的努力和心血。身上的伤痕，是他们拼搏的印记。所有优秀的人，他们的成功并非偶然，而是长期努力、扎实学习或训练的结果。相比之下，一些学生偶然取得好成绩，看似轻松达成目标，但这样的成绩往往难以持久。因为没有深厚的根基和雄厚的实力，所以他们往往只能闪耀一时。

当然，取得成就值得庆祝，但也要警惕因此而来的满足感。生活中，有些孩子在没有成就时努力奋斗，一旦取得一点成就便沾沾自喜、停滞不前。这样容易使人失去动力，最终可能导致他们重新回到起点，甚至变得颓废不堪。因此，我们虽然应该珍惜每一个小小的成就，但更要保持清醒的头脑并不懈地努力，继续向下一个小目标迈进。

　　施光南，一个令人敬仰的音乐家，他的名字与许多经典歌曲紧密相连，如《在希望的田野上》《祝酒歌》等。这些歌曲不仅旋律优美，而且充满力量，触动人心。然而，施光南的成功并非偶然，他的奋斗精神和不断向更高目标挑战的精神，是他创作出这些美妙旋律的动力源泉。

　　施光南从小就展现出对音乐的浓厚兴趣和天赋。他4岁时开始上学，音乐课成为他最喜爱的科目。在学校的音乐活动中，他总是最活跃的一分子。小学二年级时，他甚至自己创作了生平第一首歌《春天到了》，并在全市儿童歌咏比赛中荣获第二名。

　　随着年龄的增长，施光南的音乐才华逐渐展现，创作欲望愈发强烈。他不仅在合唱团中大放异彩，还开始自学乐理知识，并尝试自己谱曲。在中学阶段，他创作了300多首歌曲，这些作品深受同学的喜爱。他并未满足于已有的成绩，而是不断挑战自己，追求更高的艺术境界。

　　在暑假期间，施光南创作的《青年圆舞曲》和《懒惰的杜尼亚》得到了演出机会，这让他备受鼓舞。这些成就让他更加坚定了自己的目标——考取音乐学院，成为人民艺术家。

他凭借着不懈的追求，终于实现了自己的梦想。

案例中，施光南的成功并非一蹴而就的，而是源于他对音乐的热爱、对自我的严格要求，以及对既有成绩的不断挑战。他从未满足于现状，而是始终保持着一颗探索和进取的心。相比之下，许多所谓的"天才"最后却江郎才尽。这说明了一个道理：一个人若沉浸在对自我成绩的满足中，就无法持续保持优秀。

我们应该提醒孩子，不要被眼前的成就所迷惑，要时刻盯紧自己的目标，不断努力，"继续走好下一段路"。因为每一个阶段，都会有一个新的目标在等待他们去挑战。

保持稳定的心态，
避免关键时刻的失误

在体育赛场上，我们常常看到一些原本有很大希望夺得冠军的运动员，在关键的最后一轮角逐中发挥失常，遗憾地败给对手。这种看似偶然的现象，其实背后有其必然的心理因素。

以2004年雅典奥运会和2008年北京奥运会的射击项目为例，美国选手埃蒙斯在前几轮比赛中表现出色，领先优势明显。然而，在最后一枪，他一次脱靶，一次打出令人难以置信的低环数，将金牌拱手让人。是什么导致了他这样的失误？

深入分析后发现，这不仅仅是技术问题，更多的是心理素质的问题。运动员在赛场上的心理状态对他们的表现有着至关重要的影响。

当得失心过重时，他们容易在关键时刻紧张，导致动作变形、发挥失常。有些运动员虽然平时训练有素，但在比赛中可能会因缺乏自信而无法发挥出自己的最佳水平。

这种现象并不仅限于体育领域，在学习和工作中也普遍存在。有些学生平时学习成绩优异，但在大考中却表现不佳；一些职场人士在面试或项目展示时无法展现出自己的最佳状态。这些都与他们的得失心、自信心等心理素质有关。

因此，为了在关键时刻发挥出自己的最佳水平，无论是运动员还是我们的孩子，都需要注重心理素质的培养。

我的心理咨询导师提到过一位特殊的学生，他当时正在经历第二次高三复读，也就是所谓的"高五"。在那个时代，高考要求先填报志愿，然后再进行考试，按照分数择优录取，因此学生面临的压力特别大。

这位学生平时的考试成绩相当不错，按照这个水平，他完全有资格报考重点院校，至少考取二本学校是没有问题的。然而，连续两年的高考经历给他带来了沉重的打击。

第一次参加高考时，他在考英语的过程中遇到了一道没看懂的阅读理解题。一看时间，距离考试结束只有10分钟，他开始慌张，心跳加速，呼吸急促。他变得恍惚，甚至看不清楚试卷上的内容。结果，他的强项科目英语考得一塌糊涂，最后以5分之差落榜。

经过一年的刻苦复读，他再次走进考场。然而，一到英语考试的时候，他再次感到紧张，平时会做的题目和熟悉的单词都变得陌生起来。结果，他又以4分之差落榜。

连续的高考失利让他备感焦虑和困惑。他担心自己在未来的考试中会再次栽在英语上。临近考试时，他的紧张和焦虑情绪越发严重。在父母的鼓励下，他最终决定寻求心理咨询师的帮助。

在心理学领域，一个经常被提及的概念叫作"詹森效应"。这个效应描述了这样一种现象：某些人在平时表现出色，实力雄厚，但在关键的正式场合却屡屡失利，使自己和他人都大失所望。这种情况往往是过度的压力和紧张所致。

过度紧张的原因很大程度上是对成功的渴望过于强烈。心理学家曾经做过一个实验：在给缝衣针穿线的时候，越是集中注意力，越是瞄准目标，线越不容易进入针眼。这种现象在心理学上被称为"目的颤抖"。

理解了"目的颤抖"这一点，我们就能更好地理解为什么有些运动员在关键时刻会发挥失常。他们太想成功，无法保持平常心，导致动作变形，从而无法发挥出自己的最佳水平。

我们的孩子虽然还小，但未来会经历很多类似的考试与训练上的压力，因此我们有必要提前做好这方面的功课。比如，我们要时常想一想，孩子会因为演讲、插画、手工等方面的一些细节而输掉比赛吗？如果会，那么家长要重视起来。

走出"詹森效应"的怪圈，对于每个人来说都是一个挑战，具体可以试试以下方法。

1 树立正确的考试观念

我们要引导孩子认识到，无论是什么形式的考试，包括最终的正式考试，并不神秘，也并不可怕。它和平时的考试没有太大的区别，只不过是检验知识掌握情况的一种手段而已。我们要让孩子明白，考试是对一个人综合能力的一种检验，也是对一个人心理素质的考验。如果条件允许，可以事先到考场熟悉一下环境，了解考试的答题规范，做到心中有数，这样可以减轻正式考试时候的陌生感和恐慌感。

2 警惕过度焦虑

适度的焦虑确实能够激发我们的潜能，但过度的焦虑会阻碍正常水平的发挥。如果孩子过于担心失败的结果，认为自己必须不惜一切代价保证成功，这种心态很容易引发过度焦虑。因此，我们需要引导孩子树立正确的成功观，让他们明白成功是建立在自己努力的基础上的，而不是取决于一次考试或比赛的结果。同时，我们也要鼓励孩子积极面对挑战，相信自己有能力克服困难。

这就需要孩子加强对知识的整合理解和灵活应用。平时的训练和考试更多的是针对部分知识的消化问题，而最后的冲刺考核则更注重各类知识的综合应用。因此，孩子需要提高解决问题的能力，形成有效的应对综合问题的策略。此外，还需要孩子对以往的大型考试、比赛的表现进行反思，发现其中的问题并寻找对策。

作为家长，我们也要保持一颗平常心。我们要知道，孩子需要的是更多的鼓励，而不是过高的期望。过高的期望会给孩子带来压力，所以我们应当调整自己的期望值。我们要明白，孩子需要的是我们的支持，而不是责备和批评。因此，我们应以平常心去对待哪怕对孩子来说极为重要的冲刺，否则势必增加孩子的心理压力。

③ 引导孩子学会自我积极暗示

这样做，可以使孩子拥有一颗主动挑战的心，而不是因为紧张或焦虑就束手就擒。要引导孩子这样思考：纵看自己，平时成绩一直不错，基础扎实；横看他人，他易我也易，我难他也难。这样，孩子的紧张感和焦虑感就会减少。

事实上，"詹森效应"并不是无法避免的怪圈。通过正确的引导和策略调整，我们完全可以帮助孩子克服这个难题。

第六章

高效达成目标：
少走弯路，更快更稳地前进

及时调整"篮球架子"的高度，适应变化

篮球架子的高度设计，其实背后蕴含着深刻的道理。首先，如果篮球架子有两层楼高，那么几乎没有人能够将篮球投入篮圈，这样就会使这项运动失去挑战性和吸引力。而如果篮球架子与人的高度差不多，那么任何人都能轻易地将篮球投入篮圈，这样的运动就会变得无趣。

正是现在这个跳一跳就能够得着的篮球架子的高度，使得篮球运动成为一项世界性的体育项目。这个高度既给了人们挑战的机会，又让大家在不断努力中体验到了成功的喜悦。

这给予我们一个重要的启示：一个"跳一跳就能够得着"的目

标是最有吸引力的。这样的目标能够激发人们的积极性和热情，使人们愿意为之付出努力。因此，在教育孩子的过程中，家长和老师应该为他们设置这样的目标，以激发他们的潜力，让他们在不断的挑战中成长和进步。

生理学家巴普洛夫在临终前给人们的建议是"要热诚而且慢慢来"。这其中蕴含着深远的智慧，特别是"慢慢来"，它有两层含义：一是力所能及，二是不断提高。

对于科学的目标来说，既要有挑战性，又要有可行性。如果目标过于容易达成，那么人们就不会有太大的动力去追求；而如果目标过高，让人觉得无法实现，那么人们很可能会因失望而放弃。因此，一个好的目标应该是"跳一跳就能够得着"的。

当孩子设定的目标或者我们为他们设定的目标过高，他们怎么努力都无法实现时，我们就需要及时调整这个目标的高度。这并不是说我们要降低对他们的要求，而是要让他们在合适的目标指导下前进，以此帮助他们高效地达成目标。

人生是一个不断探索的过程，有时候失败并不是因为孩子的能力或学识不足，而是因为他们错误地设定了目标的高度。失败其实是给予他们一个重新思考并调整目标的机会。因此，我们应该鼓励孩子善于调整自己的目标，继续前进。

美国著名的不动产经纪人安德鲁，最初的职业是葡萄酒

推销员。这是他的第一份工作，当时他并不知道自己还能做什么，因此认为自己的目标就是"卖葡萄酒"。他先后为卖葡萄酒的朋友、葡萄酒进口商工作，最后与他人合作开创了自己的进口业务。尽管并非出于热情，但他仍然坚持，正如他自己所说："为什么不？我过去一直在卖葡萄酒。"

然而，他的生意逐渐陷入困境，公司最终倒闭。面对失败，安德鲁并没有放弃，他去上了一门课程，学习如何创业。在那里，他的同学们有不同的背景，有银行家、艺术家、汽车修理工等。这些人并不认为他只是一个"卖葡萄酒的"，而是认为他是一个"有才能的人""多面手"。这种新的认知使他开始重新审视自己的目标和定位。

通过深入思考和探索其他行业，安德鲁逐渐找到了自己真正的兴趣和潜力。最终，他决定与妻子一起开展不动产业务，这一选择为他带来了前所未有的成功。

这个故事告诉我们，在人生的道路上，我们不应该为自己设限，而是要勇敢地探索自己的潜能。

在引导孩子设定和实现目标的过程中，我们需要遵循一些重要的原则。这些原则可以帮助孩子更好地理解自己的目标，以及更加清楚如何实现这些目标。

以下是关于目标修正法则的4个步骤，家长在引导孩子设定和实现目标时可以参考这些步骤。

1 修正计划，而非轻易改变目标

一旦目标确定下来，我们不应该轻易地改变它。这是因为，如果经常更改目标，孩子可能会养成一种习惯，这种习惯可能会导致他们无法实现任何目标。其实，我们应该修正实现目标的计划。这意味着，如果计划需要调整，我们应该考虑如何更好地实现目标，而不是直接改变目标本身。

2 如果修正计划后仍无法达成目标，可以调整时间

有时候，即使我们修正了计划，孩子仍然无法实现目标。在这种情况下，我们可以考虑调整达成目标的时间。这意味着，如果一个目标在1周内无法实现，我们可以考虑用2周或1个月的时间来实现它。重要的是要坚持到底，永不放弃。

3 如果调整时间后仍无法达成目标，可以修正目标的量

如果经过一段时间的尝试后，孩子仍然无法实现目标，我们可以考虑调整目标的量。这意味着，如果目标是每天学习2个小时的新知识，那么我们可以考虑将每天的学习时间缩短至1个小时或半个小时。然而，压缩梦想并不是一个好的做法。我们应该尽可能地避免这样做，要鼓励孩子寻找新的方法来实现目标。

4 重复修正实现目标的步骤

在引导孩子实现目标的过程中，我们不应该重复之前的错误。相反，我们应该不断修正计划、调整时间和修正目标的量。这是一个循环的过程，可以帮助孩子更好地实现自己的目标。

同时，我们也要认识到，只有通过一次次的尝试和调整，我们才能帮助孩子实现他们的梦想和目标。

在不断变化的河流中找准方向，灵活应变

在日常生活中，每个人都会遇到突发情况。对于孩子来说，遇事不乱、从容应对是他们在追求目标的过程中取得成功的一项重要能力。

作为家长，我们需要教导孩子在面对困境时或在混乱中保持应变能力。这不仅仅是一种处理问题的技巧，更是一种生活的智慧。当孩子遇到困难时，我们要鼓励他们冷静地分析问题，找到最佳的解决方案。这样，他们才能在不断变化的环境中坚守自己的目标，朝着目标前进。

在丰臣秀吉当政时，有一次因为一场暴雨，河堤溃决，情况十分危险。丰臣秀吉立刻赶到现场指挥，但溃决的河堤需要用土包来堵塞，而土包的制作需要时间，雨势却愈来愈凶猛，水位也在上涨。在大家束手无策的时候，武将石田三成想出了一个办法，他打开米仓，命令将士们将一袋袋的米搬出来堵河堤的缺口。这个临时的措施成功了，避免了灾难的发生。不久，雨势渐缓，水位下降，石田三成又宣布如果附近的居民能制造出可以堵住河堤缺口的土包，就用米来奖赏。这个激励措施引发了周围民众的积极响应，他们制造了许多坚固的土包。很快，堤防就修好了，而且比以前更加牢固。丰臣秀吉看到这种情形，对石田三成的应变能力佩服不已。

这个故事告诉我们，面对混乱和变化，一个人具备应变能力的重要性。应变能力可以帮助我们从困境中突围，实现目标。在孩子成长的过程中，家长应该注重培养他们的应变能力。我们要教导孩子在面对问题时保持冷静，并采取适当的措施，要勇于尝试新的方法，不要害怕失败。

同时，我们也要引导孩子明确自己的目标。只有明确了目标，才能在混乱中找到正确的路径，并为之努力。当遇到困难和挑战时，我们要鼓励他们坚定信念，勇往直前。我们也要提醒孩子不要盲目行动。即使准备得再充分，如果方向错误，还是会离目的地越来越远。我们要教导孩子在行动前思考自己的方向和目标，并做出明智的决策。只有这样，才能在变化中找到自己的道路，实现自己的梦想。

为了支持我女儿的美术学习，当初我们选择租住在艺考培训中心附近的小区。尽管我们无法在专业上给予她指导，但女儿却展现出了惊人的自我驱动力和学习能力。

女儿的目标是考入心仪的美术高中，她明白时间的重要性，充分利用课堂时间学习绘画知识。在课后，她还会放弃休息时间继续练习绘画技法。她明白，要想赶上优秀学生，就必须借鉴他们的学习方式。

此外，女儿还与复习生建立了联系，希望通过借鉴他们的经验避免重蹈他们的覆辙。这种主动学习和自我提升的态度使我们深感欣慰。

我们深知少走弯路对实现目标的重要性。孩子的时间非常宝贵，如同黄金一般。作为家长，我们应该教导孩子珍惜时间，引导他们明确目标，鼓励他们发挥自己的热情和能量，主动与他人交流学习经验。

为此，作为家长，我们不要仅仅关注孩子的学习成绩，更应该注重培养他们的独立思考能力和随机应变能力。

为了提升孩子的随机应变能力，有家长还专门写信咨询过专业人士。

一位家长曾写信咨询某位专家：我儿子8岁，随机应变能力比较差，说话做事总是停留在一种思维方式上，不会变通。比如别人换一种说法问他，经常就把他问住了。我该如何培养孩子的随机应变能力呢？

这位专家看过信后，给出的建议是：随机应变能力需要灵活的创造性思维能力、积极的情绪控制能力和勇于克服困难的坚强意志力作为支撑，是人的一种综合素质的表现。要培养儿童的随机应变能力，父母可以试试以下方法。

第一，营造民主、开放、活跃的家庭氛围。父母要及时改变专制的教育方式，利用民主型的教养方式，鼓励孩子大胆想象，敢于说出自己的想法。这样孩子遇到问题时，更敢于跳出常规思维，用创新方式解决问题。

第二，有意识地培养孩子的综合技能以及生活自理能力。随机应变能力是逐步形成的，父母要给孩子机会让其独自解决生活中的问题，长此以往，孩子就能逐步开拓思维，增强随机应变的能力。

第三，带领孩子开拓视野，增长见识。父母可以利用空闲时间，多带领孩子走进博物馆参观、走向田野实地观察，或者让孩子通过旅行见识多姿多彩的世界，进而开拓视野，学会从不同的角度思考问题。

第四，平时多对孩子进行发散性思维训练。父母可以在日常生活中与孩子一起探讨一些开放性问题，例如和孩子一起探讨"迷路之后应该采取哪些措施？""读书有什么用？"等。多探讨这种开放性问题，就能让孩子跳出常规，锻炼他们的发散性思维。在引导孩子设定目标时，家长不仅要鼓励孩子设定明确的目标，还要引导孩子制订实现目标的计划和策略。这样，孩子在遇到困难和变化时，才能迅速调整自己的行动方向，不盲从于他人，避免走弯路。

在这个自由开放的年代，孩子在走向社会之前，必须具备独立思考和自主选择的能力。家长不要满足于孩子能背诵知识、听从安排，而要培养他们的独立能力、选择能力和判断能力。这样，当他们稍大一些时，才能为自己设定目标，避免随波逐流。

人生之河汹涌澎湃，每个孩子应该成为自己航船的主宰，而不是随波逐流。作为家长，我们应该在引导孩子明确自己的目标之后，教育他们如何面对困难和挑战，培养他们的独立思考能力和随机应变能力。这样，孩子才能在生命的长河中坚定地航行，实现自己的梦想。

学会审视选择，及时进行调整

成功者的秘诀在于，他们能随时审视自己的选择是否偏离了方向，然后适时地进行调整。当遇到困难时，他们不会盲目地坚持，而是会审视之后理智地放弃，寻找新的出路。

有一个年轻人，他怀揣着对知识和智慧的渴望，踏上了海外求学之路。他相信，只要付出足够的努力，就能学有所成。

很快，年轻人进入了国外的一所著名的学府，开始了他的求学生涯。初来乍到，他对一切都充满了新鲜感，但很快，他就被繁重的学业和各种挑战压得喘不过气来。他坚持着，每天起早贪黑地学习，成绩却始终不尽如人意。

一天，年轻人向导师倾诉自己在学业上遭遇的挫折，导师了解了年轻人的学习情况后，说道："难道你没发现自己过于执着于书本知识，却忽略了实践的重要性吗？"

年轻人恍然大悟，他发现自己总是盲目地坚持自己的学习方法，而不愿意尝试新的方式。他终于意识到，自己需要做出一些改变。

于是，年轻人开始调整自己的学习计划。他不再一味地追求书本知识，而是更加注重实践和应用。他参加了各种学术研讨会和实践活动，积极与同学们交流思想，拓宽自己的视野。同时，他也开始审视自己的学习方法，尝试使用不同的学习技巧和策略。

在这个过程中，年轻人遇到了很多困难和挑战。有时，他会因为找不到合适的解决方案而感到沮丧；有时，他会因为自己的努力没有得到应有的回报而感到失落。但是，他并没有放弃。在不断地调整和改进中，年轻人逐渐找到了适合自己的学习和生活方式。他的成绩开始稳步提升，他也逐渐在同学中崭露头角。最终，他不仅完成了学业，还在自己研究的领域取得了非凡的成绩。

　　这个故事告诉我们，在学习和研究上不要钻牛角尖，要在走进死胡同的时候学会换个角度重新思考对策。如果孩子坚持了一年的某个专业培训却迟迟得不到进展，是否该考虑换个专业、方向？

　　作为家长，我们应该引导孩子在面对困难时，不要盲目坚持，而是要学会适时调整自己的策略。有时候，改变是困难的，但是只要勇敢地迈出第一步，就有可能踏上一条通往成功的光明大道。

　　我们应该鼓励孩子勇敢地面对挑战，同时也要教会他们审视自己的选择，适时地进行调整。只有这样，孩子才能在成长的道路上不断进步，最终实现自己的梦想。

　　在一个村子里，有一棵巨大的果树，它的果实长得特别大，颜色鲜艳，味道甜美，是村子里最受欢迎的果实。一个少年每次看到那些高高挂起的果实，都心生向往，但他用长杆尝试了无数次，始终无法摘到完好无损的果实。

　　有一天，村子里的老人告诉少年："那棵树的果实确实美味，但想要完好无损地摘到它们并不容易。你需要放弃一些现有的便利，学习新的方法，甚至要付出一些努力。"

　　少年听了老人的话，决定试一试。他开始观察其他人爬树的方法，发现他们都用了一些特殊的技巧。于是，少年放弃了以前那种轻松摘果的方式，开始努力学习爬树的技巧。

　　经过一段时间的努力，少年终于掌握了爬树的技巧，并成功摘下了那些他一直向往的果实。当他品尝着那些甜美的果实时，他感到无比的满足和自豪。

这个故事告诉我们，有时候，为了达成自己的目标，我们必须学会不断调整策略，甚至需要舍弃手中的"一颗花生"。这并不是教我们见异思迁，而是需要我们根据形势主动改变一些习惯，愿意在尝试新的方法之前，先放弃一些现有的利益。

作为家长，我们应该引导孩子必要时学会放弃。在追求目标的过程中，孩子可能会遇到各种诱惑和困难，这时他们需要敢于放弃一些东西。这不仅是一种胆量，更是一种智慧。因为只有敢于放弃不合适的、不正确的，才能在正确的方向上更好地把握机会。

谨记"不值得定律"，避免无谓的浪费和消耗

以下是一则关于老鼠和雄狮的寓言故事。读完之后，你认为它和目标的高效实现之间有哪些必然联系呢？

在森林的一隅，一只老鼠向一头雄狮发起了挑战，要与它一决高下。雄狮明智地拒绝了。老鼠傲慢地问："你怕了吗？"雄狮微笑着回答："是的，我确实害怕。如果我接受你的挑战，你将会获得与狮子比武的荣耀，而我则会成为森林里所有动物的笑柄，因为他们会嘲笑我竟然和老鼠打架。"

这则寓言故事告诉我们，与不如自己的对手比赛，即便赢了，也会遭人置疑或取笑，意义何在呢？生活中，有些人条件优秀，却总是想着去对付那些条件或实力远不如自己的人，这样的行为真的值得吗？答案显然是不值得。故事中的"老鼠"，既指代那些实力远不如自己的对手，又指代那些不值得浪费时间和精力的琐事。

作为家长，我们应该引导孩子明白这个道理。我们要教育孩子，不要轻易去对付那些远不如自己的对手，也不要去纠缠于那些不值得的琐事。我们要让他们知道，只有不断地挑战自我，才能真正地提升自己。

我们要教会孩子如何选择合适的对手和目标，让他们明白只有不断地挑战自己、超越自己，才能不断地成长和进步。我们要鼓励孩子勇敢地追求自己的梦想，不断地学习和提升自己的能力。只有这样，他们才能在未来的人生道路上取得更大的成就。

"不值得定律"是一个简单但常常被忽视的规律，它告诉我们，如果一个人认为某件事情不值得做，那么他很可能会采取一种轻率的态度去完成它。这种心理现象很容易被人忽略，但它的影响是深远的。

如果一个人对琐事的兴趣越大，那么他对大事的兴趣就会越小。如果一个人认为某件事情非做不可，那么他就会更加专注和努力地去完成它，即使遇到棘手的问题，他也会更加勇敢地面对。

对于孩子来说，他们可能并不认为整理房间是一件重要的事情，但家长往往会将其上升到更高的层次，如自我管理、家庭观念等。如果孩子没有意识到这些问题的重要性，就很难产生自我改变的意识。因此，作为家长，我们应该辅助孩子在日常生活和学习中找出真正对他们实现目标最有价值的因素，这样，孩子才会愿意为之投入相对充足的时间和精力。

那么，究竟哪些因素决定了一个人愿意付出时间和精力去做自认为值得做的事情呢？一般而言，这取决于3个因素。

第一，价值观。这代表了孩子对周围事物的评价和看法，包括是非、善恶和重要性等。每个孩子都有自己的价值观，只有符合他们价值观的事情，他们才会满怀热情地去完成。因此，家长需要了解孩子的价值观，引导他们去做符合其价值观的事情。

第二，个性和气质。每个孩子都有自己独特的个性和气质，这些特点会影响他们对事物的态度和行为。如果某件事情与孩子的个性和气质相符合，他们就会更加投入，也更有动力。因此，家长需要根据孩子的特点，制订适合他们的计划和目标。

第三，现实的处境。孩子的目标和期望需要与现实相符，否则很难实现。如果孩子有美好的愿望，但是自身的条件并不支持他们实现这些目标，那么他们就会感到挫败和失落。因此，家长需要帮助孩子了解自己的实际情况，引导他们制订切实可行的目标和计划。

无论怎样，如果孩子认为某件事情值得去做，那么他们就会更加投入和努力。因此，家长需要了解孩子的价值观、个性和气质以及现实处境，引导他们去做符合这些条件的事情。

人生，是选择与决策的累积。从某种意义上看，它就是一连串关于"值不值得"的权衡。每个人都应该选择那些对自己最重要的事情，然后集中精力去完成。

我的女儿，因为对绘画的热爱，常常全身心地投入其中，以至于衣服和裤子上都染上了各种颜色的丙烯颜料。我明白，这是她找到的值得为之付出的事情。然而，我的一位同乡，非常讲究衣品，且极其爱干净，每次见到我女儿后，总会悄悄叮嘱我多注意孩子的这些细节。

我也偶尔会委婉地提醒我的女儿注意穿着，甚至还特意为她买了画画用的围裙。然而，我女儿几乎不在意这些细节，她完全沉浸在画画的情境与快乐中，仿佛其他一切事物与她无关。

这使我深刻地意识到，孩子找到自己认为值得去做的事情，这比我们家长认为的那些细枝末节重要得多。孩子做了一件他们认为重要的事，这比他们去做十件别人认为重要的事情更加有意义。

短暂人生中，做正确的事情无疑是拓展生命长度或宽度的最好办法。我们不应该随意挥霍孩子的精力，而应该引导他们将这些精力用在最有价值的地方。

社会学家韦伯说过："一项活动上的单纯规律性会逐渐演变为必然性。"这意味着，一段时间后，人们可能会说："我们不应该让它消失，我们已经做这么久了。"这就像有的孩子明明不喜欢正在上的钢琴课，却还是咬着牙继续坚持。因为已经练习很久了，习惯使他们不愿意再做别的选择。

然而，一个人最终要为自己做了不值得做的事付出代价。因此，我们要努力不让这样的事情在孩子身上发生。